饭店服务与管理

主　编　童碧莎
副主编　武晓霞

北京交通大学出版社

·北京·

内 容 简 介

本书以饭店主要业务为基础，围绕饭店前厅、客房、餐饮、会议、康乐等部门的业务介绍了相关的服务流程与管理制度，同时就饭店市场营销、服务质量管理、人力资源管理等进行了专题介绍，力求使读者对于饭店业务部门和职能部门的服务与管理方面的知识有较为全面的理解和掌握。

本书可作为高等院校旅游管理专业教材，也可供饭店从业人员培训、进修和参考使用。

图书在版编目（CIP）数据

饭店服务与管理 / 童碧莎主编. —北京：北京交通大学出版社，2020.10
（高等教育"十三五"规划教材·旅游酒店系列）
ISBN 978-7-5121-4303-6

Ⅰ. ① 饭⋯ Ⅱ. ① 童⋯ Ⅲ. ① 饭店–商业服务–高等学校–教材 ② 饭店–商业管理–高等学校–教材 Ⅳ. ① F719.2

中国版本图书馆 CIP 数据核字（2020）第 149631 号

饭店服务与管理
FANDIAN FUWU YU GUANLI

责任编辑：田秀青

出版发行：北京交通大学出版社　　　　　　　电话：010-51686414　　http://www.bjtup.com.cn
地　　址：北京市海淀区高梁桥斜街 44 号　　邮编：100044
印 刷 者：北京时代华都印刷有限公司
经　　销：全国新华书店
开　　本：185 mm×260 mm　　印张：12.25　　字数：313 千字
版 印 次：2020 年 10 月第 1 版　　2020 年 10 月第 1 次印刷
印　　数：1～2 000 册　　定价：39.00 元

本书如有质量问题，请向北京交通大学出版社质监组反映。对您的意见和批评，我们表示欢迎和感谢。
投诉电话：010-51686043，51686008；传真：010-62225406；E-mail：press@bjtu.edu.cn。

前　言

饭店业的发展历史源远流长，在人类社会经济发展过程中扮演了重要的角色并发挥了重要的作用。如今，世界范围内的饭店业呈现欣欣向荣的景象，行业规模不断扩大，服务与管理品质也不断提升。与此同时，我国饭店业也经历了改革开放以来的繁荣发展，在硬件建设和软件提升上都获得了长足进步，未来，持续提升饭店服务与管理的水平仍是行业发展的重点所在。

本书立足我国饭店业发展现状，重点选取饭店常见的业务类型包括前厅业务、客房业务、餐饮业务、会议业务、康乐业务等，详细介绍各种业务的内容、特点，并重点就各类业务的服务流程、服务技巧、管理制度等进行介绍。此外，本书还就饭店常见的管理职能包括市场营销、服务质量管理、人力资源管理等进行了介绍，力求使读者对于饭店服务与管理方面的知识有较为全面的理解和掌握。

本书在内容的编排上既涉及饭店职能管理的综合知识，又涉及饭店业务管理的具体知识，对于学生全面了解饭店业务类型、服务特点、管理理论十分有益，特别适合于只开设饭店管理概论课程而不再单独开设饭店前厅管理、饭店餐饮管理等课程的旅游管理院系选用。同时，本书综合了饭店管理的理论知识与饭店服务的实践技能，既有利于学生学习饭店服务的技能与技巧，提升其饭店服务水平，同时也有利于学生初步掌握饭店管理的理论与方法，提升其发现问题、分析问题、解决问题的能力。

为了更好地提升学生的学习效率和效果，本书在各章前均设有"知识结构导览图""学习任务与要求""引入案例"等；各章中引入相关案例；各章后安排"复习与思考"，以此引导学生明确其学习目标和学习重点。

本书由童碧莎担任主编，武晓霞担任副主编，并共同负责拟定提纲、编写要点，组织相关人员编写。全书共分 9 章，具体编写分工如下：第 1 章由童碧莎编写；第 4 章和第 9 章由武晓霞编写；第 2、3 章由万芳婷编写初稿；第 5、7 章由尤徐芸编写初稿；第 6、

8 章由刘美琪编写初稿。全书最后由童碧莎、武晓霞统稿。特别感谢北京交通大学出版社的田秀青编辑，是她的专业、严谨和热心促成了本书的顺利出版！

本书在编写过程中参考了许多专家、学者的研究成果，一并作为参考文献附于书后以示感谢！

尽管本书在写作过程中，尽力秉持科学严谨的态度，但由于成书时间仓促，编者水平有限，难免存在疏漏之处，恳请广大读者批评、指正。

编　者
2020 年 1 月

目　录

第1章

饭店概述

▶ **知识结构导览图**

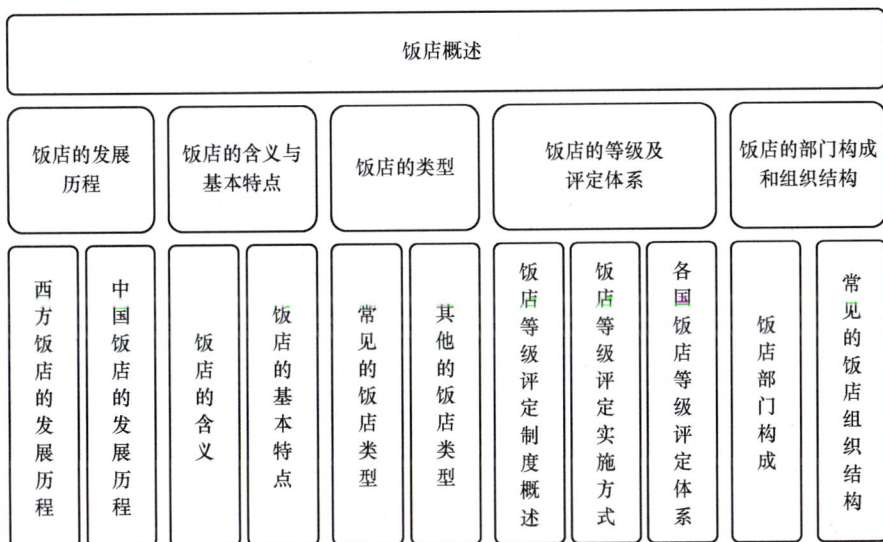

```
┌─────────────────────────────────────────────────────────────────┐
│                          饭店概述                                 │
└─────────────────────────────────────────────────────────────────┘
```

饭店的发展历程	饭店的含义与基本特点	饭店的类型	饭店的等级及评定体系	饭店的部门构成和组织结构
西方饭店的发展历程 ／ 中国饭店的发展历程	饭店的含义 ／ 饭店的基本特点	常见的饭店类型 ／ 其他的饭店类型	饭店等级评定制度概述 ／ 饭店等级评定实施方式 ／ 各国饭店等级评定体系	饭店部门构成 ／ 常见的饭店组织结构

▶ **学习任务与要求**

1. 了解中西方饭店的发展阶段及特点；

2. 掌握饭店的含义与特点；

3. 理解各种饭店类型的业务特点；

4. 掌握饭店等级评定的目的；理解饭店等级评定的实施方式；了解各国饭店等级评定体系的特点；

5. 理解饭店的业务部门和职能部门的划分；了解常见的饭店组织结构。

1

引入案例

2018 年 12 月 18 日，筹备了 30 个月之久的阿里巴巴未来饭店——菲住布渴（FlyZoo Hotel）正式开业。这是全球第一家支持全场景身份识别、大面积使用 AI 智能的饭店。其中，全场景是指饭店会完完全全掌握住客的行踪，无论走到哪里都会有无形的机器人为顾客服务。

当住客走进饭店大门，没有传统服务台，右侧 6 台机器，可自助刷身份证或者护照入住。当然，也可以事先通过手机 App 验证。饭店大堂内，具有人脸识别功能的服务机器人取代了传统的人工接待。而且，当住客登记入住刷了一次脸后，整个饭店就记住了住客的身份，无论走到哪里，只需要刷脸就可以享受饭店的所有服务。这些服务体现在：当住客登记完，电梯就会自动打开，而且住客也无须亲自按电梯，因为电梯自己知道住客要到哪层！到了房间门口，住客只需要和门上环绕蓝灯的电子猫眼对视一下，嘀的一声，房门就能为住客打开。门打开的那一刻，房间也就进入了"接客"模式：灯光会自动进入欢迎模式；与此同时电视机自动开启；客房管家天猫精灵智能音箱也会进入待命状态，只要住客一声令下，就可以对室内温度、灯光、窗帘、电视等进行语音控制。借助无感体控定位系统，当住客离开房间的瞬间，电梯还会像住客上来的时候一样，自动进入等候状态。此外，饭店还提供各种机器人送货、送餐服务。通过天猫精灵语音服务系统，下达命令之后，8 台待机模式的机器人就会专门为住客服务。饭店的餐厅里也能看见机器人送餐；在大堂的演艺吧，客人还能点上一杯机器人调酒师制作的酒品或者咖啡。

无论住客走到哪里刷脸就行了，例如，餐厅会根据住客刷脸的次数，自动结算住客此次入住饭店总共消费了多少钱，当住客离店时，一并付款就可以啦。

总之，就像这家饭店的名字：菲住布渴！如此高科技且近乎变态的服务体验，真的有种非住不可的感觉。

思考： 从古代的简陋客栈发展到现今的高科技智能化饭店，饭店经历了哪些发展阶段？形成了哪些饭店类型？其核心功能是否发生了变化？

1.1　饭店的发展历程

饭店的发展经历了漫长的历程，至今已有超过 3000 年的历史。放眼世界，饭店在古代的西方和东方都得到了长足的发展，并形成了不同的发展阶段。总体而言，西方饭店的发展经历了古代客栈时期、豪华饭店时期、商业饭店时期和新型饭店时期。中国作为世界上最早出现饭店雏形的国家之一，也经历了古代客店时期、近代饭店时期和现代饭店时期。

1.1.1　西方的饭店发展历程

1. 古代客栈时期

在欧洲，客栈作为饭店的雏形，早在公元前 600 年左右就已出现，主要满足人们外出时的吃、喝、睡等赖以生存的基本需要。至中世纪后期，随着商业的发展，旅行和贸易兴起，外出的传教士、信徒、外交官吏、信使、商人等激增，对客栈的需求量大增。由于当时的交通方式主要是步行、骑马或乘坐驿车，因此，客栈大多设在古道边、车马道路边或是驿站附近。客栈相距的距离通常是马匹一天可以行走的路程。早期的客栈设施简陋，仅提供基本食宿，无非是一幢大房子，内有几间房间，每个房间里摆几张床，素不相识的旅客往往住在同一房间，并没有什么更高的要求。到了 15 世纪，有些客栈已拥有 20~30 间客房，有些比较好的客栈还设有酒窖、食品室、厨房等，为客人提供酒水和食品。到了客栈盛行的 18 世纪，英国等地的客栈已开始注意周围环境状况，房屋前后辟有花园草坪，客栈内有宴会厅和舞厅等，开始向多功能发展。但总体来看，客栈时期的经营特点是规模小、服务项目少、设施简陋、价格低廉，住店客人的安全感低，舒适感差，不能满足一些权贵外出住宿的需求。

2. 豪华饭店时期

豪华饭店时期一般是指 19 世纪初到 20 世纪初。工业革命之后的欧洲，随着上层社会新的生活方式的转变，专为王室、贵族、资本家服务的豪华饭店应运而生。其中，德国巴登这一罗马时代著名的温泉疗养地建立的巴典国别墅是第一座富丽堂皇的豪华饭店，而法国的巴黎大饭店、卢浮宫大饭店，英国的萨伏依饭店，德国的恺撒大饭店、法兰克福大饭店都是这一类型的代表。豪华饭店全都建在最为繁华的大都市，规模宏大，建筑与设施豪华，装饰讲究，服务一流，竭尽全力满足客人的要求。这一时期，瑞士籍饭店主里兹（Ritz）建造、经营的饭店及他本人的名字，一下子变成了最豪华、最高级、最时髦的代名词，他提出的 "The guest is never wrong"（客人永远不会错）成为饭店经营格言。这一时期的饭店投资者往往是贵族，他们为了炫耀自己的实力，常不计投资与经营的成本，对于饭店营利不够重视。

资料链接

塞萨·里兹的成功经验与格言

塞萨·里兹，1850 年 2 月 23 日出生于瑞士南部的一个小村庄，后来曾在当时巴黎最有名的餐厅沃尔辛（Voision）做侍者。在那里，他接待了许多王侯、贵族、富豪和艺人，并了解到他们各自的嗜好、习惯等。以后，里兹作为一名侍者，巡回工作于奥地利、瑞士、法国、德国、英国的几家餐厅和饭店，并崭露头角。27 岁时，里兹被邀请担任当时瑞士最大、最豪华的卢塞恩国民大旅馆（Hotel Grand National）的总经理。里兹的经历使他立志去打造旨在为上层社会服务的贵族饭店。

他的成功经验之一是：无须考虑成本、价格，尽可能使顾客满意。这是因为，他的顾客是贵族，支付能力很高，对价格不在乎，只追求奢侈、豪华、新奇的享受。为了满足贵族的各种需要，他创造了各种活动形式，并不惜重金。例如，他在卢塞恩国民大旅馆当经理时，为了让客人从饭店窗口眺望远处山景时能感受到一种特殊的欣赏效果，他在山顶燃起了篝火，并同时点燃 1 万支蜡烛。为了创造一种威尼斯水城的气氛，里兹在伦敦萨伏依旅馆（Savoy Hotel）底层餐厅放满水，水面上漂荡着威尼斯凤尾船，客人可以在二楼边聆听船上人唱歌边品尝美味佳肴。

他的成功经验之二是：引导住宿、饮食、娱乐消费的新潮流，教导整个世界如何享受高品质的生活。1898 年 6 月，里兹建成了一家自己的饭店——里兹旅馆，位于巴黎旺多姆广场 15 号院。这一旅馆遵循"卫生、高效、优雅"的原则，是当时巴黎最现代化的旅馆。这一旅馆在世界上第一个实现了"一个房间一个浴室"，比现代饭店管理之父斯塔特勒先生提出的"一间客房一浴室、一个美元零五十"的旅馆经营理念整整早 10 年。当时，里兹旅馆特等套房一夜房价高达 2 500 美元。

里兹的格言之一是：客人永远不会错（The guest is never wrong）。他十分重视招待顾客，投顾客所好。多年的餐馆、旅馆服务工作的经验，使他养成了一种认人、记人姓名的特殊本领。他与客人相见，交谈几句后就能掌握客人的爱好。把客人引入座的同时，就知道如何招待他们。这也许正是那些王侯、贵族等喜欢他的原因。客人到后，有专人陪同进客房，客人在吃早饭时，他把客人昨天穿的衣服取出，等客人下午回来吃饭时，客人的衣服已被熨平放好了。

里兹的格言之二是：好人无价（A good man is beyond price.）。他很重视人才，善于发现人才和提拔人才。例如，他聘请名厨埃斯考菲尔，并始终和他精诚合作。

（资料来源：何建民，现代宾馆管理原理与实务.上海：上海外语教育出版社，1994）

3. 商业饭店时期

商业饭店时期是指从 20 世纪初到 20 世纪 50 年代。进入 20 世纪后，随着世界经济的发展，商务旅行人数急剧增加。但是，无论是豪华的大饭店，还是设施简陋的小客栈，都无法满足这种需求。客栈过于简陋，既不卫生，又不舒适；豪华大饭店的价格又过于昂贵。在这种情况下，商业饭店应运而生。其代表人物是现代饭店管理之父美国的斯塔特勒（Ellsworth Statler，1863—1928），他被公认为商业饭店的创始人。斯塔特勒的饭店经营突出平民化、大众化的特点，提出要在一般公众能负担的价格之内提供清洁、方便、舒适的饭店设施与饭店服务。1908 年，他在美国纽约州水牛城建造了第一家由他亲自设计并用自己名字命名的斯塔特勒饭店，一间带卫生间的客房房价仅为 1 美元 50 美分。此后，"A room and a bath for a dollar and a half"（一间客房一浴室，一个美元零五十）成为斯塔特勒酒店经营模式的特色。斯塔特勒还曾提出"饭店从根本上来说，只销售一样东西，这就是服务"等至理名言。

商业饭店的特点是提供完善的设备和设施，推行优良的服务，服务对象是从事商业活动的商务客人，它的设施与服务项目讲究舒适、方便、清洁、安全与实用，价格适中合理。商业饭店格外讲究经营艺术，注意服务水平的提高与管理，改善的降低成本以获得最佳利润。

4. 新型饭店时期

新型饭店时期从 20 世纪 50 年代开始至今。第二次世界大战结束以后，随着欧美国家经济的复苏，以及飞机、汽车等交通工具的普及，国内、国际旅行者规模迅速扩大，住宿需求日益增长。一些有实力的饭店公司，以签订管理合同、转让特许经营权等形式，进行国内甚至跨国的连锁经营，逐渐形成了一大批使用统一名称、统一标志，在饭店建造、设备设施、服务程序、物资采购与人才培训等方面统一标准的饭店联号公司。美国是世界上饭店联号公司出现最早、规模最大、数量最多的国家，早期著名的饭店联号公司品牌包括希尔顿、假日、喜来登等。现代新型饭店的特点除注重规模效益、连锁经营外，还表现在为适应现代人的需求，其功能日益多样化，饭店不再是仅仅向客人提供吃、住的场所，还要满足客人对娱乐、健身、购物、通信、商务等方面的多种需求，饭店也是当地社交、会议、展览、表演等活动的场所；在经营管理上，注重用科学的手段进行市场促销、成本控制、人力资源管理等；此外，为饭店行业配套服务的专业公司也日臻完善，有饭店管理咨询公司、饭店订房代理公司、饭店设备用品公司及开设饭店管理专业的各类院校等。

1.1.2 中国的饭店发展历程

1. 古代客店时期

中国的饭店最早可以追溯到商周时期，并在唐、宋、元、明、清等朝代得到了较快的发展。在中国古代，饭店设施分为官办和民办两大类。官办的住宿设施有驿站和迎宾馆两类，它们在古代饭店史上占有重要的地位。驿站是历史上最古老的一种官办住宿设施，专门接待往来信使和公差人员并为其提供交通工具和食宿设施。但由于朝代更迭、政令变化，其名称常有变化，如传舍、驿舍、驿楼、驿馆、邮亭、邮铺、铺舍等均为这种官办设施在不同时期的称谓。迎宾馆是中国古代另一类官办住宿设施。"迎宾馆"的名称最早见于清末，在此之前，春秋战国时期称"诸侯馆"和"传舍"，西汉时期称"蛮夷邸"，南北朝时期称"四夷馆"，隋唐、宋时期称"四方馆"，元、明、清时期称"会同馆"，这是专门用来接待各国使者和商客食宿的设施。

民办食宿设施也有很多。商周时期出现的专门供人在旅途中休息、食宿的场所称"逆旅"。此后，随着历朝历代商贸的繁荣发展，各类民间客栈、旅店也快速发展。食宿合一是中国古代客栈、旅店的经营传统，并且根据客房设施的不同，出现了分等经营。到明清时期，随着中国封建科举制度的发展，在各省城和京城出现了专门接待各地赴试学子的会馆，并成为当时住宿业的一部分。

2. 近代饭店时期

中国近代由于受到西方列强的侵略，而沦为半殖民地半封建社会。这一时期的饭店经营受西方文化的影响较大，出现了西式饭店、中西式饭店等。西式饭店是19世纪外国资本投资经营的饭店，这类饭店在建筑式样、设施设备、内部装修、经营方法等方面都传承西方，接待对象主要以外国人和中国的达官贵人为主。与当时中国的传统饭店相比，这些西式饭店规模宏大、装饰华丽、设施设备豪华舒适，内部设有客房、餐厅、酒吧、舞厅、球房、理发室、会客室等；楼内装有电梯、电话、暖气等；其经理人员皆来自英、美、法、德等国。当时著名的西式饭店包括英国人在广州经营的维多利亚饭店、法国人在昆明经营的商务饭店、德国人在济南经营的斯坦饭店、法国人在天津经营的泰来饭店、瑞士人在北京经营的六国饭店等。中西式饭店是从民国开始由民族资本投资兴建的具有半中半西风格的新式饭店。中西式饭店一改传统饭店以平房、庭院为主的建筑风格，多为楼房建筑，店内设施、服务项目和经营方式也受西式饭店影响。这类饭店主要出现在民族资本较为集中的上海、北京、天津和南京等一些城市。

这一时期，各种传统的中小型、中低级旅店也继续发展。中级旅店通常称为"旅社"，低等级的旅店则称"客栈"。随着近代铁路的兴建和商业活动的频繁，19世纪二三十年代在铁路沿线兴起了各式招商客栈，尽管其设施简陋、服务水平有限，但由于其便利的地理位置，客源总体上较为充足。此外，民国实业家陈光甫为了方便旅行者而在各大中城市开办的招待所也受到了社会的欢迎，招待所价格比大饭店低廉，但服务却比旅社、客栈更周到，不仅提供较好的食宿条件，而且还提供代订车船票、运送行李等服务。这一时期，为长期住店客人服务的公寓也开始在北京、上海等地出现，房租多以月计，甚至以年计。

3. 现代饭店时期

新中国成立后，我国兴建了一批政府高级招待所和一般招待所。这些招待所属于是行政事业单位，财政上实行统收统支、实报实销制度，既不存在经营压力，也缺乏经营动力。1978年改革开放以后，大批外国旅游者涌入中国，原有的接待设施无论在数量上还是质量上都难以满足需求。为此，我国决定把一些招待所改成涉外饭店，并开始探索饭店管理体制改革。1982年2月，杭州饭店、杭州华侨饭店率先在全国饭店业中进行试点，试行岗位责任制和浮动工资制，并在1983年向全国推广，实现我国饭店业从经验管理向科学管理、从行政事业单位向企业单位的重大转变。另外，我国也加紧引进外资兴建合资饭店，如北京的建国饭店、长城饭店，广州的白天鹅宾馆等，这些合资饭店在经营管理方面引入了国际上先进的管理理念，成为当时我国饭店业改革发展的典范。1988 年，为使我国迅速发展的饭店业能够规范有序地发展并与国际饭店业的标准接轨，我国开始对涉外饭店进行星级评定。星级评定标准在后续发展过程中又进行了不断的修改完善，逐步引导我国饭店向规范化、国际化、现代化方向发展。

近年来，随着我国经济的持续快速增长，饭店业也迎来前所未有的发展机遇，经济型饭店、精品饭店、主题饭店、民宿等新形态不断涌现，为我国饭店市场发展带来生机与活力。未来，我国饭店发展将持续呈现集团化、品牌化、专业化、个性化、精细化等经营管理趋势。

1.2 饭店的含义与基本特点

1.2.1 饭店的含义

hotel（饭店）一词源于法语，最早指代法国贵族用来招待贵宾的别墅豪宅，后来这些私人住宅的一部分逐渐演变成提供商业性食宿的设施，"hotel"便有了饭店的含义。此后，欧美的饭店业一直沿用了这一名词。中文多用"饭店"进行表述，相关的表述还包括、宾馆、度假村、公寓、大厦、中心、山庄、旅馆、旅社、旅舍等。

关于饭店的定义，国外的权威辞典如《大不列颠百科全书》《美利坚百科全书》等均是从饭店的功能角度进行界定的，强调了饭店为公众提供住宿的基本功能，同时提及其提供膳食的功能及其他。由此可见，满足顾客的食宿需求是饭店的核心所在。

综上，饭店是指凭借各种硬件设施，按照一定的标准，向顾客提供食宿等服务，为顾客创造愉悦经历，从而获得相应效益的社会经济组织。

1.2.2 饭店的基本特点

1. 以住宿功能为核心

饭店之所以存在于社会，是因为饭店所具有的功能是社会所必需的，且不可替代的。随着现代饭店的发展，饭店的功能日渐丰富，除了基本的食宿功能外，还可以满足顾客的娱乐、健身、商务、社交、度假、购物等功能。但是无论饭店的功能如何发展，始终脱离不了其核心功能即住宿功能。可以说，衡量一个饭店是否可以称之为饭店，饭店的水准和档次如何，是以客房为核心进行评价的。因此住宿功能是饭店成为社会功能组织的核心所在，脱离了这个功能，就无法被称之为饭店。基于这个原因，一些国家也把饭店业称为住宿业。

2. 以硬件设施为基础

饭店通常都是由一座或数座设备完善的建筑物组成的，该建筑物根据其经营目标和特色，配备符合顾客需求的客房、餐厅、健身娱乐场所、商务设施、特色商店等。这些硬件设施的质量和档次，将直接影响到顾客的住店体验。为了保障顾客的权益，各国的饭店主管部门或行业协会通常都会推出饭店等级评定的标准，对饭店硬件设施做出具体的规定，包括相应等级饭店应具备的客房数量、客房面积、客房设施、餐厅类型及其他设施类型等。

3. 以无形服务为产品

饭店是一个服务型的行业，它所提供的主要产品是服务。顾客入住饭店就是为了享受饭店提供的各类综合服务，包括住宿服务、餐饮服务、康乐服务、商务服务等。服务水平的高度决定了顾客的满意程度。从这个角度看，服务质量是饭店的生命线。

4. 以获取效益为目标

饭店是企业，不管其性质是国有企业、合资企业、合作企业、股份制企业还是民营企业，始终都是以营利为目的而开展生产经营活动的经济组织。运用科学的管理手段，增加营业收入，降低营业成本，提升饭店经营效益是饭店管理的重要任务。除了获取经济效益之外，承担社会责任，彰显社会效益、生态效益也是社会赋予饭店的重要经营管理目标。

1.3　饭店类型

1.3.1　常见饭店类型

根据饭店的主要接待对象及相应的服务模式，可以把饭店划分为以下几种类型。

1. 商务饭店

商务饭店以接待商务旅行者为主，兼顾接待一般旅游者及其他因各种原因作短暂逗留的顾客。这类饭店适应性广，在饭店业中占的比例较大。为适应细分市场的需求，商务饭店也分为各种等级。其中高等级的商务饭店所服务的顾客往往具有消费水平高，文化修养好，注重礼节交往，对饭店地理位置较为在意，对饭店服务水平要求较高等特点。因此，高等级商务饭店通常位于城市中心区或商务中心区，地理位置优越，交通便利；饭店设施也比较豪华、舒适，设有商务中心、各类会议室、宴会厅、商务套房、行政楼层等。

2. 度假饭店

度假饭店是以接待休闲、度假、疗养顾客为主的饭店。此类饭店必须具有必要的休闲度假要素，多位于海滨、山区、温泉、景区等地，开辟各种康乐项目如滑雪、骑马、狩猎、垂钓、划船、潜水、冲浪、高尔夫球、网球等，以此来吸引顾客。该类饭店的顾客往往具有重复消费的特征。近年来，在许多饭店业发达的国家已出现度假型与会议型相结合的饭店，即所谓"会议度假两不误"的度假饭店。随着社会的进步与人民生活水平的提高，该类饭店的市场空间将不断增大。

3. 会议饭店

会议饭店是以接待各种会议团体为主的饭店。尽管大部分商务饭店都有会议场所，但是会议饭店是专门针对会议团体设计的，强调可以使会议成功举办的一切设施和服务。根据国际会议协会的标准，会议饭店至少应有60%的销售收入来自会议业务，60%的空间供各类会议使用。会议饭店通常位于大都市和政治、经济中心，或交通方便的游览胜地。会议饭店除应配备相应的住宿和餐饮设施以外，还应设置足够数量、多种规格的会议厅或大的多功能厅及相应的会议设备，接待国际会议的饭店还需配置同声传译装置。此外，会议饭店一般配备会议专业管理人才来帮助会议组织者协调和组织会议各项事务。随着会展业务的壮大，一些大型的会议饭店已逐渐向会展饭店转变，这类饭店通常紧邻大型展览馆、会展中心等，并提供各类展会服务。

4. 长住饭店

长住饭店也称公寓饭店，是以接待住宿期较长的、在当地短期工作或度假的顾客或者家庭为主的饭店。长住饭店一般采用公寓式建筑的造型，客房多采用家庭式布局，以套房为主，配备适合顾客长住的家具和电器设备，通常有厨房设备供顾客自理饮食。总体来说，长住饭店的设施及管理较其他类型的饭店简单，饭店一般只提供住宿服务，并根据顾客需求提供餐饮及其他辅助性服务。长住饭店的计价方法和服务方式也比较灵活，房价可以按天、周、月、季度或年为单位计算；清扫客房可以是每天、隔天或顾客自己清扫；房间用品可以由饭店提供，也可以由顾客自己准备。

5. 机场饭店

顾名思义，机场饭店通常建在大型机场尤其是国际机场附近，主要接待转机旅客、航班延误旅客及航班机组人员等，其设施与服务与商务饭店相似。为了方便旅客出入机场，机场饭店通常都会提供免费的顾客接送服务并在机场有明显的订房和接送电话标志。一些高级别的机场饭店还会增加会议设施和餐饮设施以吸引专程出席会议并希望节省时间的旅客。

6. 汽车饭店（旅馆）

汽车饭店（旅馆）是以接待驾车旅行者为主的饭店，常见于欧美国家公路干线旁。汽车饭店提供免费的停车场，一些停车位会与客房相连，形成一楼车库、二楼客房的格局，顾客停车入库后，可以直接从车库出入客房，非常方便。汽车饭店通常只提供基本的住宿，服务项目不多，但价格经济实惠。

7. 青年旅舍

青年旅舍主要是为青年学生或"背包旅行者"提供住宿和自助式饮食的饭店，其客房的主要设施为上下铺的高低床和带锁的储物柜；楼层有公共洗手间和浴室；公共厨房提供微波炉、电冰箱等设备；大堂通常会开辟公共交流空间供住店顾客进行交流。青年旅舍虽然设施条件简陋，但因其收费低廉，所以深受青年学生及"背包旅游者"的欢迎。

1.3.2 其他饭店类型

除了上述常见的饭店类型以外，饭店在长期发展过程中，结合时代特征，也出现了一些新的业态。

从饭店功能上看，一些饭店不再强调其综合功能，而是回归其住宿的基本功能，如经济型饭店就属于这种类型。经济型饭店专注于提供高质量的住宿，在国外往往被称为"B&B"（bed & breakfast）饭店，即只提供"床和早餐"的饭店。尽管经济型饭店属于有限服务型饭店，但因其"经济、卫生、安全、快捷"的服务特色，深受大众消费者欢迎。一些经济型饭店为了增加其市场吸引力，在价格经济实惠的基础上，也会强调其文化内涵和地方特色等。

从饭店经营管理方式来看，标准化的星级饭店模式已不再是市场发展的唯一主导。被称为"非标饭店"的民宿异军突起，成为住宿市场的重要补充。民宿通常是利用原住民的原有住宅改造而成的，既强调地方风格特色，又不失现代气息，其个性化、特色化的经营风格和温馨的家庭氛围，吸引了越来越多的休闲度假旅游者将其作为体验地方民俗风情的住宿首选。

从饭店技术来看，打造智慧饭店，实现智慧化经营与管理已成为重要趋势。所谓智慧饭店是指借助计算机技术、互联网技术等，结合移动终端等设备，实现顾客住店的部分过程或全过程的智能服务；实现饭店经营者营销、管理过程的智能指引、智能决策等。智慧饭店让住店顾客在享受高科技带来的舒适和便利的同时，可以更好地满足顾客的私密性和个性化需求；同时有助于节约人力资源成本，有效降低各种能耗。

1.4　饭店等级及评定体系

1.4.1　饭店等级评定制度概述

1. 饭店等级评定的目的

饭店等级评定是指由饭店行业协会或饭店管理机构等依据饭店的设施和服务的质量与特色，对饭店产品所进行的综合评价。通过饭店等级的评定，可以使不同级别、档次的饭店产品与相应的等级对应，这首先有助于顾客方便快捷地认知饭店软硬件水平，帮助其更快更准确地进行购买决策；其次，有利于引导饭店按照等级标准进行规范化的经营和管理，并可以在一定程度上减少饭店营销成本；最后，便于行业的监督和管理，通过等级的复核、取消等制度，引导行业有序竞争，健康发展。

2. 饭店等级评定的实施主体

饭店等级评定的实施主体主要包括政府部门、饭店行业协会和第三方组织。

1）政府部门主导

政府部门主导是指由政府部门特别是旅游行政主管部门主导实施饭店等级评定事务。政府主导评定主要是出于行业管理的需要。实行这种方式的国家主要有埃及、土耳其、阿联酋、意大利、罗马尼亚、英国、加拿大等。我国在实行饭店星级评定的初期采取的是政府主导模式，目前，随着政府职能的转变，星级评定工作逐渐交由中国旅游饭店业协会负责。

政府部门为主体的饭店等级评定，是政府干预理论在饭店行业管理中的体现，对饭店业的指导和促进作用实实在在。然而，由于受到政府发展规划的强烈影响，其评定标准会随政府目标的变动而出现较为频繁的变化，评定结果有时会和公众或业界的感受存在一定的差距。

2）饭店行业协会主导

行业协会主导主要指由饭店行业协会主导的等级评定工作。饭店行业协会实施饭店等级评定主要是出于行业自律的需要。这是一种以企业能力为中心的内部评价模式。评审人员对评定对象了解深刻，对相关信息掌握充分，在评定过程中，高度重视饭店的企业声誉、竞争优势和经营绩效，鼓励饭店因地制宜、发挥特色。因而，其评定结果往往特别能体现饭店在区域内的比较优势。实行这种方式的国家主要有奥地利、瑞士、丹麦、法国、德国等。

3）第三方组织主导

第三方组织广义上是指除去政府、饭店行业协会之外的各种组织，包括旅行批发商、旅行杂志、旅行网站、学术机构等。第三方组织实施等级评定往往带有其自身的商业目的，有的是为获得广告收入，有的是为其会员提供信息等。实行这种方式的代表国家是美国。美国主要的第三方组织有两个，一个是美国汽车协会（American Automobile Association，AAA）对饭店实施"钻石"等级评定，另一个是《福布斯旅游指南》对饭店实施"星级"等级评定。

1.4.2 饭店等级评定的实施方式

1. 饭店等级评定的实施效力

饭店等级评定的实施效力大体可分为两个等级：一是强制实施，即饭店要先进行等级评定，而后营业，代表国家是希腊、荷兰、意大利等；二是推荐实施，即饭店未经等级评定就可以营业，代表国家有美国、法国、德国、奥地利等。我国实施推荐性的饭店等级评定制度，国家标准《旅游饭店星级的划分与评定》（GB/T 14308—2010）是推荐性标准。

2. 饭店等级评定的形式及周期

明查和暗访是最普遍的两种饭店等级评定方式。采用明查方式的国家有德国、荷兰、意大利、南非等，采用暗访方式的国家有美国、法国、约旦、捷克、西班牙等。目前，我国在评定星级时大多采用明查形式，在复核检查时有选择地采用暗访形式。

饭店等级的评定周期一般为1～5年。我国之前的星级饭店评定周期是5年，即每5年要对已评星级的饭店进行全面的复核检查。2010版星级标准实施以后，星级饭店的评定周期缩短至3年。

3. 饭店等级的表示方法

饭店等级评定制度已经在世界范围内被广泛采用，但不同的国家和地区采用的具体的等级评定制度又各不相同，用以表示级别的标志与名称也不一样。目前，国际上采用的饭店等级评定制度与表示方法大致有以下几种。

1）星级表示法

星级表示法使用星号（★）的数量来表示饭店的等级，星号越多，等级越高，比较普遍的是五星制。其中，五星级饭店属于豪华饭店或超豪华饭店，四星级饭店属于高档饭店，三星级饭店属于中档饭店，二星级饭店属于中低档饭店，一星级饭店属于低档饭店。

2）字母表示法

字母表示法使用 A、B、C、D、E 来表示饭店的等级，A 为最高级，E 为最低级。有的虽是五级却用 A1、A、B、C、D 四个字母表示，最高级用 A1 或特别豪华级来表示。

3）数字表示法

数字表示法用数字表示饭店的等级。一般最高级用豪华表示，继豪华之后由高到低依次为 1、2、3、4 级，数字越大，档次越低。

1.4.3 各国饭店等级评定体系

统一各国的饭店等级评定标准，实施全世界通用的饭店等级评定体系一直是业界的一个美好愿望。世界旅游组织（UNWTO）曾在 20 世纪 80 年代做过统一各国饭店等级评定标准的努力，但由于各国政治经济发展水平、地域文化等多方面的差异，协调难度巨大。UNWTO 在 1988 年停止了统一各国饭店等级评定体系的工作，但仍然建议在一定的区域范围内，可以考虑统一饭店行业等级评定体系。同时建议政府制订饭店等级评定体系时，应更多关注安全与卫生方面的条款，因为这是政府应尽的义务；饭店行业协会制订饭店等级评定体系时，要坚持消费者导向，完善消费者信息，注意术语的一致性，做到完备和透明，为便利、公平交易创造条件。目前，饭店等级评定体系有一定代表性的国家包括中国、美国、德国、英国等。

1. 中国的饭店等级评定体系

1988 年，我国开始实施饭店星级评定制度。1993 年，星级标准经国家技术监督局批准为国家标准《旅游饭店星级的划分与评定》，并先后经历了 1997 年、2003 年、2010 年的三次修订。星级饭店评定制度已经成为我国的主要饭店等级评定制度。

近年来，随着饭店业态的进一步丰富，单一的星级饭店评定制度已经无法完全覆盖所有业态。因此，我国开始针对饭店的经营特色及一些特定的饭店业态推出了多元化的等级评定制度。例如，绿色旅游饭店评定制度，鼓励创建绿色饭店，并将绿色饭店分为金叶级和银叶级两个等级；旅游民宿等级评定制度，将旅游民宿分为三星级、四星级、五星级三个等级；文化主题旅游饭店评定制度，将文化主题旅游饭店分为金鼎级和银鼎级；另外还有精品旅游饭店评定制度等。

2. 美国的饭店等级评定体系

美国的饭店行业并没有一个统一的饭店等级评定体系。其中最有名的是上文提到的美国汽车协会的钻石评级（AAA 体系）以及《福布斯旅游指南》的星级评定。

美国汽车协会的饭店评级系统每年要对美国、加拿大、墨西哥及加勒比海等地的饭店进行等级评定。该组织根据饭店设施和服务质量把饭店评为 1～5 颗钻石级别，5 颗钻石代表最高级别的饭店。该饭店评级体系非常规范和严谨，整个评定过程达 300 多项，从而确保消费者获得物有所值的饭店产品。任何饭店加入 AAA 体系，必须符合 27 项基本标准，这些标准涉及饭店外部和内部的公共区域、餐饮服务设施、客房安全、客房清洁和维护、家具和照明、卫生间设施及用品等的质量。评级由专业评级员通过暗访方式进行。

《福布斯旅游指南》的前身是《美孚旅游指南》，自 1958 年以来创建了美国第一个五星级评级系统，一直对美国和加拿大的饭店、餐馆和水疗提供最全面的评级，匿名评估专家团队根据多达 900 条的标准对评审对象进行评估。评估时兼顾服务水平和设施设备质量，并以服务水平作为评价重点。目前《福布斯旅游指南》的评定范围已扩大到世界范围，越来越多的国家开始接受其星级评定。该指南于 2008 年首次将我国香港、澳门及北京的饭店纳入评级范围。

3. 英国的饭店等级评定体系

英国的主要饭店评级体系包括英国国家旅游局的饭店等级评定体系和英国汽车协会的饭店等级评定体系。

英国国家旅游局的饭店评级体系是英国唯一一个官方主导的饭店等级评定体系。饭店等级评定系统分为互相独立的两部分：设施等级评定和质量等级评定。设施等级评定以 1～5 个皇冠来表示设备的豪华程度，皇冠越多，表明设施越豪华。质量等级评定则以"认可""推荐""强烈推荐""豪华"来区分。根据该评定标准，即使设施等级评定只达到 1 皇冠的"B&B"饭店，也可以因其提供的优秀服务获得一个"豪华"的质量水平等级。

英国汽车协会（Automobile Association，AA）成立于 1905 年并于 1999 年股份化成为私营的责任有限公司。AA 饭店评级体系侧重以顾客的角度来对不同住宿设施类型进行等级评定。饭店的评级分为 1～5 颗星，同时会通过星号颜色来区分同一等级饭店的不同品质。一家金色星星的饭店会被认定是其所属的同星级饭店中最好的，并在舒适度和宾客服务上提供最高水平。

4. 德国的饭店等级评定体系

德国的饭店等级评定体系主要由德国饭店和餐馆行业协会（DEHOGA）制订，该协会对自愿递交申请的饭店颁发星级认证，每次认证有效期 3 年，分为 1～5 颗星。同时，对每一等级超过一定分值的饭店可以获得附加的"优秀（superior）"标记（如图 1-1 所示）。针对日益兴盛的民宿、家庭旅馆、旅游公寓等，DEHOGA 协会又联合德国旅游业协会，推行了一个星级评定标准 G-Klassifizierung，专门针对这些民宿、家庭旅馆、旅游公寓进行星级测评。

德国的饭店等级评定标准在欧洲地区有广泛的影响力。2009 年 9 月，欧洲饭店星级联盟（European Hotelstars Union）发布了以德国星级标准为蓝本的饭店等级评定标准，自 2010 年 1 月开始在大部分欧洲国家推广实施。

图 1-1 德国饭店等级评定标志

1.5 饭店的部门构成和组织结构

1.5.1 饭店的部门构成

饭店可以为顾客提供的多样化的服务，包括客房预订、入住接待、客房清洁、美食酒水服务、康体健身服务、娱乐服务等，根据这些服务项目的内容和特点，饭店会将相关的服务项目进行合并，形成直接对客服务的各种业务部门，包括前厅部、客房部、餐饮部、康乐部等。为了更好地协助这些业务部门开展工作，饭店还会设置相关的职能部门，包括人力资源部、安全保卫部、销售部、财务部、工程部等。这些部门不提供直接的对客服务，其工作任务主要是为饭店各业务部门提供管理职能方面的服务。

1. 饭店业务部门

1）前厅部

前厅部（front office）是饭店经营活动的中心，从前期的客房预订，到顾客入住登记，再到顾客退房结账，全程为顾客提供面对面的服务。此外，前厅部还担负着联系和协调饭店各部门工作的任务。前厅部的主要机构通常包括预订处、接待处、问讯处、礼宾部、电话总机、收银处、商务中心等。

2）客房部

客房部（housekeeping department）的主要任务是为客人提供以客房清洁整理为主的住宿服务，同时承担饭店客房楼层及公共区域的清洁卫生工作。客房部的服务通常尽量避免面对面的服务，以此保障顾客住宿的私密性和舒适性。客房部的主要机构包括客房管事部、楼层服务组、公共区域服务组、棉织品组、洗涤组等。

3）餐饮部

餐饮部（food and beverage department）主要负责提供饭店的餐饮服务，通过提供各类酒水美食，满足顾客的饮食需求。餐饮部通常是饭店仅次于客房部的又一个主要创收部门。餐饮部的主要机构包括厨房、中餐厅、西餐厅、宴会厅、酒吧等。

4）康乐部

康乐部（recreation department）主要负责提供饭店的康体运动、休闲娱乐和保健养生项目的服务，常见项目包括健身房、游泳池、歌舞厅、夜总会、按摩保健部、美容美发厅等。

2. 饭店职能部门

1）人力资源部

人力资源部（human resource department）是饭店中的一个非常重要的职能部门，主要职责是协助其他部门负责饭店管理人员和服务人员的选聘、培训、激励、考核等方面的管理工作。

2）销售部

销售部（sales department）的主要职责和工作目标是为饭店组织客源。为了保证饭店有充足的客源，销售部的人员要进行市场调研，了解市场需求，掌握客源流向并负责推销饭店产品。一些大型饭店的销售部还会根据业务特征设置旅游销售、会议销售、宴会销售、公共关系等专职部门。

3）财务部

财务部（financial department）负责处理饭店经营活动中的财务管理和会计核算工作。财务部的人员数量取决于饭店的经营规模。

4）安全保卫部

安全保卫部（security department）对全饭店进行 24 小时的安全保卫和巡视，对饭店的各种设施、财产的安全以及宾客的人身和财产安全负有重要的责任。

5）工程部

工程部（engineering department）的主要职责是负责饭店房屋及设备的维修工作，使饭店的外部及内部装修等保持在完好和较高的水平上，并经常对饭店的各种设备及设施进行修理、保养和更新。工程部还需要按计划对饭店的能源消耗进行有效的管理。

1.5.2　常见的饭店组织结构

饭店对部门进行划分后，需要通过组织结构的构建使分散独立的部门形成一个有机运行的系统，各部门在系统中定位清晰，通过分工协作，共同实现饭店的目标。饭店通常会根据自身规模的大小及业务特点构建不同的组织结构。常见的饭店组织结构类型是直线职能制（如图 1-2 所示）。

直线职能制的特点是把饭店所有的部门分为业务部门和职能部门两大类。业务部门按直线的原则实行垂直领导，自上而下通常形成决策层、管理层、督导层、操作层 4 个层级。其中决策层由饭店的高层管理者如总经理、副总经理、驻店经理等构成，其主要职责是对饭店的发展战略和经营活动中的重大问题进行决策；管理层主要指部门经理，一些大型饭店还会根据需要在部门经理之上增设部门总监，他们主要针对部门所属业务进行决策和管理；督导层主要指业务主管、领班等，其主要职责是执行部门的经营计划，并指导操作层的员工完成具体工作；操作层主要指部门的普通员工，他们根据上级的指示完成各自岗位的日常工作任务。职能部门按分工和专业化的原则执行某一类管理职能。业务部门管理者在自己的职责范围内有对业务的决定权，能对其所属下级实行指挥和命令并负全部责任。职能部门的管理者，只能对业务部门提供建议和对相关管理职能进行业务指导，不能指挥和命令业务部门。

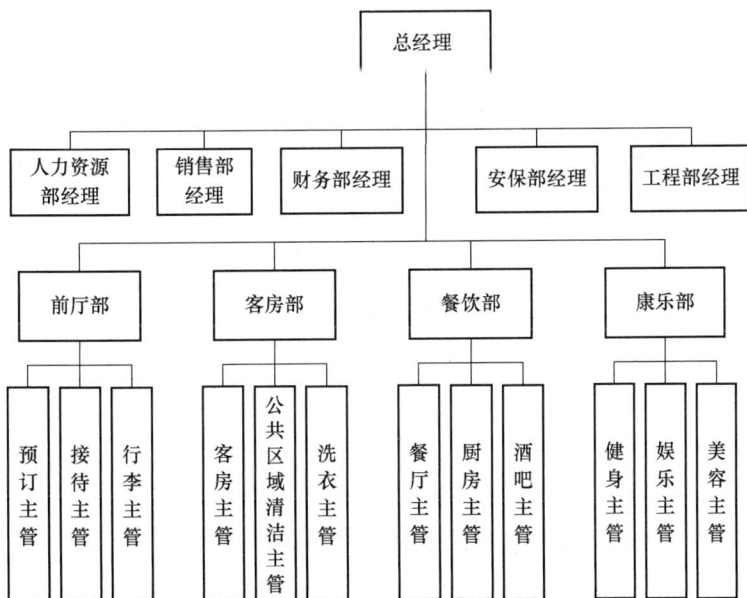

图 1-2　直线职能制饭店组织结构图

复习与思考

一、名词解释

饭店　商务饭店　饭店职能部门

二、填空题

1. 中国古代官办的住宿设施包括_____和_____两类。

2. 饭店等级评定的实施主体主要包括_____、_____、_____三大类。

3. 我国旅游民宿等级评定，分为_____级、_____级和_____级；文化主题旅游饭店等级评定，分为_____级和_____级。

4. 饭店业务部门按直线的原则实行垂直领导，自上而下通常形成_____、_____、_____、_____4个层级。

三、选择题

1. 以下不属于西方豪华饭店时期饭店发展特点的是（　　）。

A. 规模宏大

B. 装饰讲究

C. 服务一流

D. 性价比高

2. 以下不属于度假饭店特点的是（　　）。

A. 多位于海滨、山区、温泉、景区等地

B. 开辟各种康乐项目吸引顾客

C. 计价方法和服务方式比较灵活

D. 顾客往往具有重复消费的特征

3. 下列关于我国星级饭店评定的表述不正确的是（　　）。

A. 我国实施推荐性的饭店等级评定制

B. 我国在评定星级时大多采用明查形式

C. 我国现在的星级饭店评定周期是5年

D. 我国1988年开始实施饭店星级评定制度

4. 下列关于各国饭店等级评定制度表述正确的是（　　）。

A.《福布斯旅游指南》的饭店评定结果分为1～5颗钻石级别

B. 英国国家旅游局的饭店评级体系综合饭店的设施和服务质量给出饭店的评定结果

C. 在中国，一家金星饭店会被认定是其所属的同星级的饭店中最好的

D. 德国的饭店等级评定标准在欧洲地区具有广泛的影响力

5. 以下不属于饭店业务部门的是（　　）。

A. 前厅部

B. 销售部

C. 客房部

D. 餐饮部

四、简答题

1. 简述西方商业饭店时期饭店发展的特点。

2. 简述中国近代饭店时期饭店发展的特点。

3. 简述饭店的基本特点。

4. 简述饭店等级评定的目的。

5. 简述饭店业务部门与职能部门的区别。

第 2 章

前厅服务与管理

▶ **知识结构导览图**

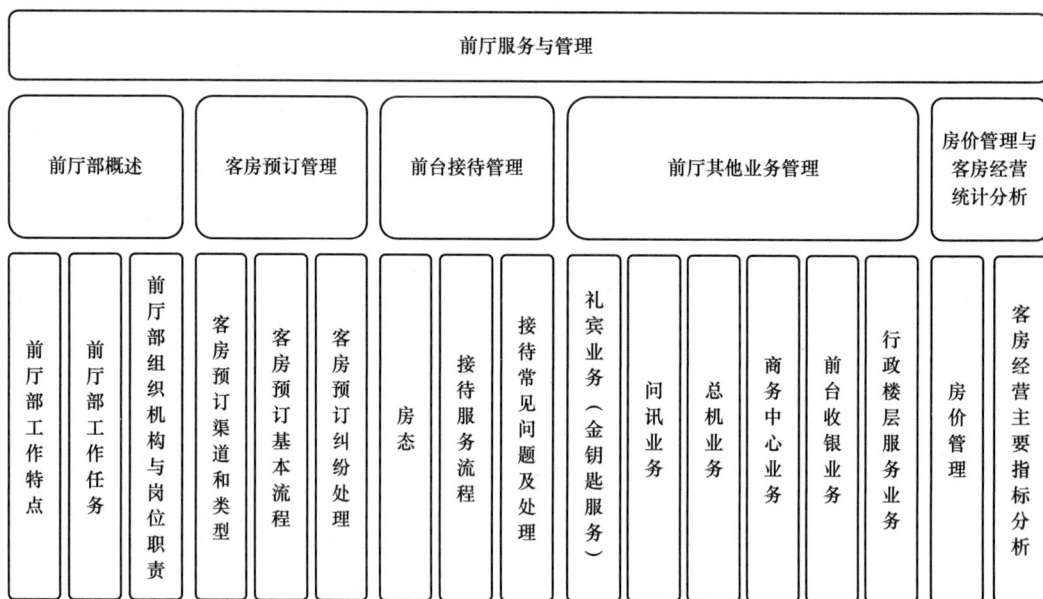

前厅服务与管理

前厅部概述	客房预订管理	前台接待管理	前厅其他业务管理	房价管理与客房经营统计分析

- 前厅部工作特点
- 前厅部工作任务
- 前厅部组织机构与岗位职责
- 客房预订渠道和类型
- 客房预订基本流程
- 客房预订纠纷处理
- 房态
- 接待服务流程
- 接待常见问题及处理
- 礼宾业务（金钥匙服务）
- 问讯业务
- 总机业务
- 商务中心业务
- 前台收银业务
- 行政楼层服务业务
- 房价管理
- 客房经营主要指标分析

▶ **学习任务与要求**

1. 了解前厅部的概念、工作特点和任务、组织机构构成；
2. 掌握前厅部预订管理与接待管理；
3. 理解前厅部的其他业务管理；
4. 掌握客房经营统计分析指标。

引入案例

一天上午，饭店前厅结账处有许多客人正在结账，1108 房间的刘先生也来到前厅结账，这时结账处接到楼层服务员报告："1108 房间少了两个高档衣架。"收银员小陈立即微笑地说："刘先生，您的房间少了两个衣架。"谁知客人好像早已有所准备，立刻否认带走了衣架。收银员立即通知大堂副理，大堂副理了解情况后，在前厅找到刘先生并将他带到大厅僻静的地方。"刘先生，您没拿衣架，那么有没有可能是您的亲朋好友来拜访您时顺便带走了？"大堂副理委婉地向客人表述饭店要索回高档衣架的态度。

刘先生说："没有，我住店期间根本没有亲朋好友来过。"

"请您再回忆一下，您会不会把衣架顺手放到别的地方了？"大堂副理顺势提醒刘先生。"以前我们也曾发现过一些客人住过的房间衣架、浴巾、浴袍之类的不见了，但他们后来回忆起来或是放在床上，或被被子、毯子遮住，或裹在衣服里带走了，您能否上去再看看，会不会也发生类似情况呢？"

刘先生觉得越是拖延下去对自己越没有什么好处，便不耐烦地说："一个破衣架，您们真麻烦，还是我上去看一下吧。"

大堂副理顺便问道："需要我帮您看管一下您的箱子吗？"

"不用，不用。"刘先生连忙摇头，边说着边匆匆地提着箱子上了电梯，大堂副理和收银员会意地互相看了一眼。

不一会儿，刘先生下来了，故作生气状地说："你们的服务员也太不仔细了，衣架明明就掉在沙发后面嘛！"大堂副理见客人已经把衣架拿出来了，便不露声色很有礼貌地说："实在对不起，刘先生，麻烦您了。"为了使客人不感到尴尬，大堂副理还很真诚地对客人说："刘先生，希望您下次还住我们饭店！我们随时欢迎您的再次光临，谢谢！"

思考：上述案例给了我们什么样的启示？前厅服务还可能会遇到一些什么问题？

2.1　前厅部概述

前厅部（front office）是现代饭店经营管理中的一个重要部门，被喻为饭店的"门面""橱窗"，对饭店的市场形象、服务质量乃至管理水平和经济效益都有着至关重要的影响。前厅部通常位于饭店面客的最前端，是饭店组织客源、销售客房、沟通和协调各部门的对客服务，并为宾客提供前厅系列服务的综合性部门。

2.1.1　前厅部工作特点

1. 业务范围涵盖广泛

饭店的前厅业务范围涵盖十分广泛，需要为客人提供从预订、接待、问询、行李、电话、旅游服务、车辆出租、票务、收银结账及贵重物品保管等一系列服务。

2. 业务能力要求全面

业务范围广泛性和直接的对客服务，要求前厅部员工具备较为全面的业务能力，能及时准确地为客人解决本部门甚至非本部门的问题。与此同时，前厅部员工以向客人提供无形服务为主，对员工综合素质要求相对更高。

3. 业务处理重视时效性

前厅部是饭店信息集散的中枢，一方面饭店的员工及管理者需要根据饭店内外不断变化的信息来做经营管理决策；另一方面客人也需要获取一些信息来决定其活动安排。前厅部处理信息的效率决定了饭店大多数部门的服务节奏，这就要求该部门员工应该重视业务处理的时效性，从而保证饭店的日常运转。

4. 业务内容要求安全

前厅部对业务的安全性要求很高，关系到整个饭店工作的安全。前厅部的业务涉及在饭店消费客人的人身安全、财产安全、隐私安全、名誉安全以及饭店员工安全和企业安全等多个方面，企业及员工必须具备高度的安全防范意识和完善的安全保护措施等。

2.1.2　前厅部工作任务

1. 客房销售与入住接待服务

客房收入是饭店营业收入的主要来源，因而销售客房是前厅部的首要任务。客房具有价值不可储存的特征，前厅部必须尽力组织客源，推销客房，提高客房出租率以实现经济效益。客人抵达饭店之后，前厅部应该根据客人预订情况或客人的现场需求，为客人提供高效便捷的入住登记服务，安排客人满意的房间。此外还可以带动住店客人在其他部门的消费。

2. 前厅系列服务

前厅系列服务涉及总机服务、机场和车站接送服务、门童行李服务、委托代办服务、商务服务、问讯服务等，前厅系列服务的工作的质量和效率直接关系到饭店能否给客人提供优质服务。

3. 饭店财务处理

前厅部财务处理包括建立客人账户、登账和结账等工作。具体包括核算和整理各个营业部门收银员转来的客账资料，为离店客人办理结账收款事宜，编制各种会计报表等，以便及时反映饭店的营业活动状况和确保饭店的经济利益。

4. 饭店信息管理

前厅部要负责收集、加工处理和传递有关的经营信息，发挥信息集散和协调服务的作用，为饭店的日常运作及经营决策提供参考。例如，前厅部需要建立住店客人（主要是重要客人、常客）的资料档案，包括客人的基本情况、消费记录及特殊要求等，这不仅是作为饭店提供周到细致服务的依据，也是寻求和分析客源市场，研究市场走势，调整营销策略、产品策略的重要信息来源。

2.1.3　前厅部组织机构与岗位职责

1. 组织机构简介

1）预订处（reservation）

接受、确认和调整来自各个渠道的房间预订，办理订房手续；制作预订报表，对预订进行计划、安排和管理；掌握并控制客房出租状况；负责对外宣传和联络客源单位；定期进行房间销售预测并向上级提供预订分析报告。随着饭店业竞争加剧，部分饭店前厅的客房预订职能逐渐被剥离归入营销部，这也是现代饭店预订处运营职能提高的具体表现之一。

2）接待处（reception）

接待抵店住宿的客人，包括散客、团体、长住客、非预期抵店以及无预订的客人；办理客人入住手续，分配安排房间；与预订处、客房部保持联系，及时掌握客房出租变化，准确显示房态；制作客房销售情况报表，掌握住房客人动态及信息资料等。

3）问讯处（information）

主要包括回答客人的询问，提供各种有关饭店内部和外部的信息；提供收发、传达、会客等应接服务；负责保管所有客房钥匙。部分饭店已不再单独设置问讯处，而是由接待处完成此职能。

4）收银处（cashier）

负责饭店客人所有消费的收款业务，包括客房、餐厅、酒吧、长途电话等各项服务费用；与饭店一切有宾客消费的部门的收银员和服务员联系，催收核实账单；及时催收长住客人或公司超过结账日期、长期拖欠的账款；夜间统计当日营业收益，制作报表。

5）礼宾部（concierge）

负责店口或机场、车站、码头迎送客人；调度门前车辆，维持门前秩序；代客提拿行李，介绍客房设备和服务，并为客人提供行李寄存和托运服务；分送客人邮件、报纸、传送留言和物品；代办客人各项委托事宜。高星级饭店提供"金钥匙"服务，"金钥匙"是前厅部下设的一个岗位，归前厅部经理直接管理。

6）电话总机（telephone switch board）

接转饭店内外电话，回答客人的电话问询；提供电话找人、留言服务；叫醒服务；接受电话投诉；播放背景音乐；充当饭店出现紧急情况时的指挥中心。

7）商务中心（business center）

为客人提供打字、翻译、复印、传真、互联网以及小型会议室出租等商务服务，此外还可以根据需要为客人提供秘书服务。随着通信技术的发展，饭店商务中心的业务正在逐步萎缩。

2. 组织结构模式

饭店规模大小不同，前厅部组织机构会有较大的区别。大、中、小型饭店前厅部的组织机构可分别参考图2-1、图2-2、图2-3，在实际运营中，饭店应结合规模大小、性质类型、成本预算等因素，进行科学的设置。

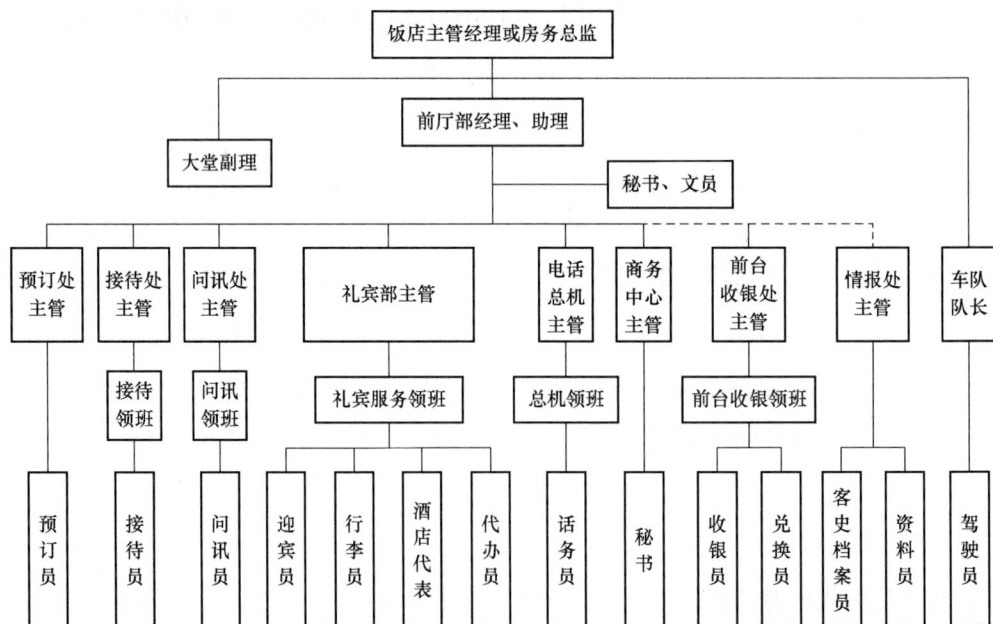

图 2-1　大型饭店前厅部组织结构图

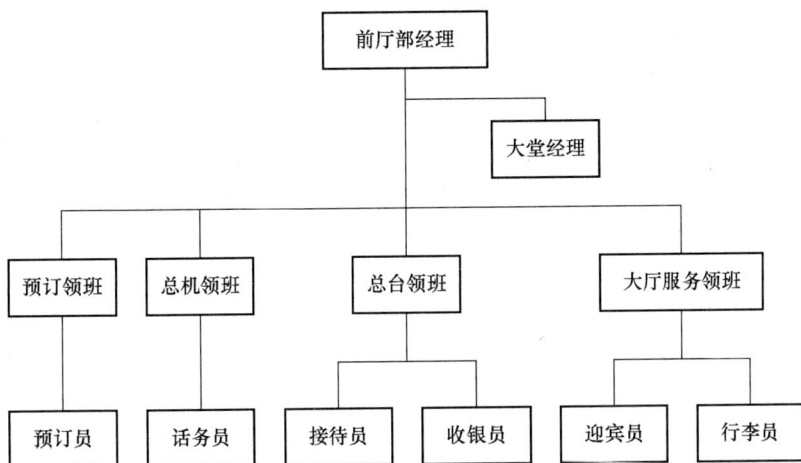

图 2-2　中型饭店前厅部组织结构图

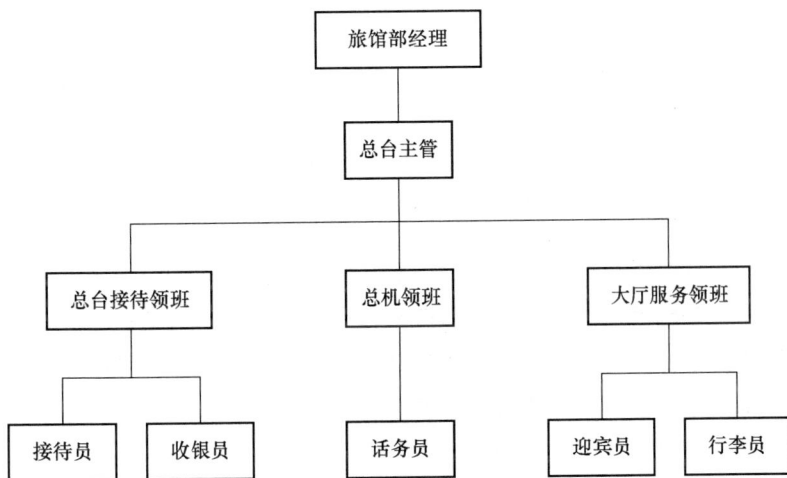

图 2-3　小型饭店前厅部组织结构图

3. 主要岗位及职责

1）前厅部经理

前厅部经理是前厅部的最高管理者，指挥着整个前厅的运转。主要职责是主持部门工作，提高部门工作效率；负责策划、组织、指导、控制和预算；协调与其他部门的关系；调配前厅部各岗位的工作，提供优质服务，确保最大限度地提高客房出租率和平均房价。

2）大堂副理

现在不少高档饭店在前厅设置大堂副理职位，也被称为大堂值班经理，直属于前厅部经理领导（也有不少大型饭店直属驻店总经理领导）。主要是代表总经理负责前厅服务协调、贵宾接待、投诉处理等服务工作，以及大堂环境、秩序的维护等事项。

3）前台接待主管

具体负责组织饭店客房的销售和接待服务工作，协助前厅部经理检查和控制前厅的工作程序，保证下属各班组之间及与饭店其他部门之间的衔接和协调，督导员工为客人提供高效优质的服务。

4）礼宾主管

指挥和督导下属员工认真执行饭店的各项规章制度，为客人提供高质高效的迎送宾客、行李运送和其他相应服务，确保礼宾服务工作正常运作。

5）总机主管

全面监管饭店电话的接线工作。保证准确、迅速地转接所有电话，协调总机班与其他部门之间的沟通、联系，处理客人的投诉，适时培训话务员等。

2.2　客房预订管理

客房预订是客房销售的中心环节。对于客人来说，提前预订可以保证客人的住房需要，尤其是在供不应求的需求旺季，而且可以根据自身的喜好选择客房；对于饭店来说，客房预订可以让饭店有充足的时间提前做好一切接待准备，还可以使饭店提前占领客源市场，稳定客源并提高客房出租率，同时也有助于饭店更好地预测未来客源数据，在激烈的竞争中占据主动权，及时调整自身的经营策略。

2.2.1　客房预订渠道和类型

1. 客房预订的渠道

客房预订是一项较为复杂和细致的工作，顾客可以根据其预订的紧急程度和自身的设备条件，采取口头、电话、传真、互联网（PC 端与移动端）、合同、信函等多种预订客房方式。随着预订业务的开展，预订渠道也更加多样化，饭店客源主要来自以下几个渠道：

（1）散客自订房。对饭店来说，总是希望将自己的产品和服务直接销售给消费者。随着信息技术的发展，客人可以不经过任何中间环节直接向饭店订房。

（2）旅行社订房。旅行社通常与饭店订有合同。负责为饭店提供客人，并按房价收取一定比例的佣金。旅行社是顾客及各类旅游产品之间的桥梁，旅行社订房可以保证饭店有一定数量的稳定客源。

（3）航空等交通运输公司订房。随着航空等交通运输行业的发展，由这类交通运输公司代为订房的客人越来越多，主要包括乘客和团队客人等，饭店可以通过不同方式与交通运输公司联手合作，开拓自身的订房客源。

（4）政府机关或事业单位订房。主要包括政府或事业单位为其邀请的团队、贵宾、专家学者等订房。

（5）会议及展览组织机构订房。频繁的国内、国际会议和展览成为饭店重要的业务来源，其特点是订房批量大，还可以促进饭店其他业务量的增长。专门承办会议和展览的专业机构和公司是饭店开展订房业务的一个重要渠道，饭店往往邀请承办商或组织者来店考察、面谈，并以签订合同的方式接受或办理订房事宜。

（6）连锁或合作饭店订房。连锁饭店可以相互提供免费订房服务，这使连锁饭店在促销上具有明显的优势。为了与连锁饭店竞争，一些独立的饭店之间也开展了订房业务的合作，建立自己的预订网络，通过相互推荐的方式接受客人的订房要求。

2. 客房预订的类型

（1）临时性预订。客人在即将抵达饭店前很短的时间内或在到达的当天联系订房，由总台开房员受理，由于客房预订方式的时间较紧，采取口头确认（包括电话确认）的形式。按照国际惯例，饭店对预先订房的客人，会为其保留房间直至抵店日当天 18 时，否则该预订即被取消。接受此预订时，应注意询问客人的航班车次、抵店时间等，并跟客人强调清楚"取消订房时限"。

（2）确认类预订。这是一种比较重信誉的预订方式，通常是指饭店同意为客人预订并保留客房至某一事先约定的时间。预订建立在饭店对这类客人的个人信息（如身份、住址等）比较了解，客人的信誉度高的基础上，大多数饭店还允许其在住店期间享受短期或者一定数额的赊账服务等。对于确认类预订，饭店依然可以事先声明为客人保留客房至某一具体时间，过了规定时间客人未抵店，也未与饭店联系，那么饭店有权将客房出租给其他客人。

（3）保证类预订。客人通过预付定金、信用卡和订立合同等方式以保证自己来饭店住宿，否则将承担经济责任，而饭店则必须保证为订房客人提供所需客房的预订。这类预订通过一定的形式来保护饭店和宾客双方的利益，建立了更为牢靠的关系，对双方都十分有益。保证类预订的留房截止时间一般为抵店日期的次日退房结账时间。

（4）等待类预订。在客房预订已满的情况下，再将一定数量的订房客人列入等候名单，如果有人取消预订，或有人提前离店，饭店就会通知等候客人来店。预订员在处理这类订房时，应征得订房人同意才能将其列入等候名单，并向客人说明情况，避免日后发生纠纷。

2.2.2 客房预订基本流程

1. 预订准备

客人预订前需要饭店做好准备工作，这样才能给订房的客人迅速而准确的答复，提高预订工作的水准和效率。具体包括预订员需要按饭店规定的要求规范上岗，做好交接班，并能够迅速准确的掌握当日及未来一段时间内可预订的客房情况。

2. 预订受理

接到客人的订房申请后，预订员通过查看计算机终端判断客人的预订要求是否与饭店的实际提供能力相吻合，从抵店日期、客房种类、客房数量、逗留天数等四个方面考虑是否接受客人的订房申请。

如果客人提出的订房要求与饭店实际相吻合，饭店则可以接受客人的预订，并填写客房预订单。填写预订单要认真、完整、清晰，并向订房人重复其主要内容，一旦出现错误会导致订房系列工作的全盘错误。

当客房的可供状况不能全部满足客人的要求时，预订员应建议客人做些更改，主动提出一系列可供客人选择的建议，如重新选择客房类型、时间，将其列入等候名单等。这样不仅可以最大限度地销售饭店产品，还有助于在客人心目中树立饭店的良好信誉。

3. 预订确认

接受客人的订房要求并经核对后，需要给客人签发预订确认书。确认书是饭店回答客人的订房已被接受的书面凭证，是双方之间权利与义务的协议书，其中的有关事宜，如付款方式、保留客房截止时间、房价等都对双方行为具有约束效力。

确认预订的方式通常有非书面确认和书面确认两种。出于时效、成本费用的考虑，现今饭店一般采用更为便捷的电话、短信、邮件等非书面的方式为客人进行订房确认。但是对于大型团体、重要客人，特别是一些知名人士、政府官员、国际会议等订房确认，书面确认更为正式和严谨。

4. 预订更改及取消

饭店接受并承诺了预订，客人常会因各种原因对原来的预订提出变更要求，甚至可能取消预订。当客人要求更改订房，如果饭店可以满足客人的要求，应予以接受并将订房资料及时更新，否则应向客人说明情况，可将其作为候补或者优先等待名单处理。对于取消预订的客人，应正确处理好相关订房取消的工作，同时应及时将情况通知到其他部门，以便饭店及时调整安排计划，减少经济损失。

5. 预订核对

由于客人抵店前可能经常出现取消或者更改订房的情况，因此饭店需要做好订房核对工作，发现问题及时更正或补救，以保证订房工作的准确无误。订房核对工作一般分三次进行，分别是客人到店前一个月、一周和前一天，若重要客人或大团提前预订时间长，还应该增加核对的次数。

6. 客房服务准备

客房服务准备工作主要包括预先分配房间、准备相关资料、按要求布置客房等。做好客人到店前的准备工作，既有助于缩短订房客人办理入住登记的时间，又能提前做好饭店接待服务工作中的细节工作，为客人提供有针对性的服务。

客房预订基本流程如图 2-4 所示。

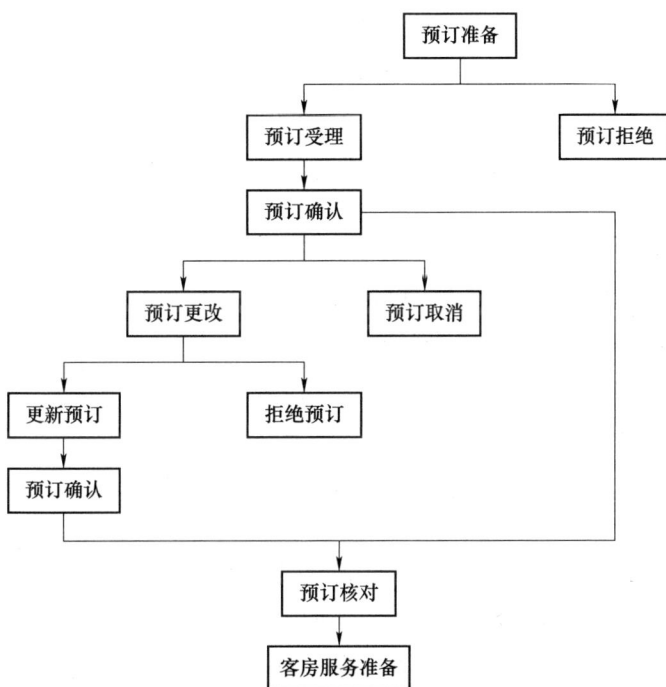

图 2-4　客房预订基本流程图

2.2.3　客房预订纠纷处理

1. 超额预订引发的纠纷处理

超额预订是指饭店在订房已满的情况下，再适当增加订房数量，以弥补少数客人因预订不到、临时取消或提前离店而出现的客房闲置，其目的是充分利用饭店客房，提高开房率。

超额预订应该有"度"的限制，根据国际饭店管理经验，超额预订的比率一般控制在5%～15%（根据饭店行业的经验，订房不到者通常占总预订数的5%；临时取消预订者通常占8%～10%）。饭店要根据自己的实际情况，做好资料收集、积累工作经验，认真总结，合理地确定超额预订的数量或幅度，既能使饭店最大限度地销售产品、增加收益，又能满足客人的订房需要。

对于超额预订，从实践上虽然是可以理解的，但是从法律意义上讲是违法的，如果出现超额预订使得之前预订的客人无法入住，相当于饭店单方面毁约，那么饭店和顾客之间就会产生纠纷。因超额预订使得客人无法入住的，饭店通常应该为客人免费升级到更高档次的客房类型。如果饭店超额预订过度，导致无其他空闲房间可住，可以采取以下的措施予以补救：

（1）与本地区饭店同行加强协作，建立业务联系，一旦超额预订过度，可以安排客人到有业务协作关系的同档次、同类型饭店暂住；

（2）客人到店时，由主管人员诚恳地向其解释原因，并赔礼道歉，如有需要还应由总经理亲自出面致歉；

（3）派车免费将客人送到联系好的饭店暂住一夜；如房价超过本店，其差额部分应由本饭店承担；

（4）将客人姓名及有关情况记录在问讯卡条上，以便向客人提供邮件及查询服务；

（5）对于连住又愿回本店的客人，可让其在本店寄存大件行李；次日排房时，优先考虑此类客人的用房安排；

（6）次日一早将客人接回，大堂副理在大厅迎候并致歉意，陪同办理入住手续；

（7）客人在店期间享受饭店的贵宾待遇。

2. 其他纠纷的处理

除超额预订会引发纠纷外，还有其他一些比较常见的纠纷，具体如表2-1所示。饭店在处理订房纠纷时，既要分清责任，维护自身的合法权益，又要耐心、诚恳，设身处地地为客人着想，帮助客人解决问题，并注意"情、理、法"三者兼顾。

表2-1　客房预订其他纠纷及处理

纠纷原因	参考处理方式
客人到达时间超过规定的截房时间，或是未按指定的航班、车次抵达，事先未与饭店联系，饭店无法提供住房	此类纠纷责任不在饭店方，但是对客人同样要热情接待，耐心解释，并尽力提供帮助。如果饭店没有空房，可以帮助客人联系其他饭店，但不承担任何费用
客人打电话到饭店订房，预订员予以接受，但事后并未寄出确认书，客人到店时无法提供住房	口头承诺应该一样有效，这类情况饭店应向客人道歉，尽量安排客人在本饭店住宿，实在无房提供可安排客人在附近饭店暂住，次日接回并再次致歉

纠纷原因	参考处理方式
客人声称办理了订房手续，但接待处没有订房记录	接待处与预订处联系，查清楚产生原因，若是饭店方的失误，必须为客人安排房间或者安排在其他饭店，并致以歉意；若是客人方的问题，饭店应尽力提供各种帮助，帮客人解决面临的困境
在价格上发生争执或因不理解饭店相关政策规定而产生的不满	不能与客人发生争执，必须耐心、礼貌地向客人做好解释工作，使其既能接受现实又不致产生不满情绪

处理订房纠纷是一项复杂、细致的工作，有时候甚至很棘手。前厅服务人员要注意平时多积累经验和总结技巧，在订房的全过程中要做到认真负责，按规范要求细致地处理每一个问题，以保证预订工作的顺利开展。

2.3　前台接待管理

接待服务是前厅部的核心工作，做好接待服务是保证分房准确、手续完善，提高服务质量和客房出租率的重要条件。前厅接待处的接待员应掌握接待业务程序和标准，与饭店的有关部门协调一致，做好入住客人的接待工作。

2.3.1　房态

房态即客房状态，指对每一间客房在一定时段上正在占用、清理或待租等情况的一种标示或描述。房态会随着客人入住和离店等活动而处于不断变化之中。准确控制房态是做好饭店客房销售工作以及提高接待服务水准的前提。

饭店常见房态详见表 2-2。

表 2-2　饭店常见房态

房态（英文）	房态（中文）	备注
Occupied	住客房	住店客人正在使用的房间
Vacant	空房	待出租的房间
Occupied & Clean	已清洁住客房	
Occupied & Dirty	未清洁住客房	
Vacant & Clean	已清洁空房	已完成清扫整理工作，尚未检查的空房
Vacant & Dirty	未清洁空房	
Check Out	走客房	客人刚离店，房间尚未清洁
Out of Order	待修房	硬件出现故障，正在或等待维修
Out of Service	停用房	因各种原因，已被暂停使用房间
Blocked Room	保留房	为团体客人、预订客人以及重要客人等预留的房间

2.3.2 接待服务流程

1. 检查和准备服务设施设备

需要事先检查和准备的服务设施设备主要有：① 分房操作系统，包括电脑联网操作系统设备及分房控制盘手工操作设备；② 接待设备，包括磁卡钥匙制作机、住客账卡架、收银机和信用卡压卡机、验钞机、保险柜、行李服务设备、贵重物品保管箱等；③ 接待用品，包括客人入住登记卡、宾客欢迎卡、行李条、换房卡、留言条等。

2. 检查房态，制定运行方案

为了缩短办理入住登记的时间以及合理有效的排房，减少纠纷产生，饭店应及时关注房态，制订运行方案，对事先预订的散客和团队，提前制订用房预分方案；检查待出售房间的状况，同客房部保持联系，尽快使待出售房间进入销售状态；准备好可销售房间，关注近期的客房状态和客情，以促进客房销售。

3. 入住接待

（1）散客入住接待。散客入住接待的程序与内容见表 2-3。

表 2–3 散客入住接待

程序	内容
客人到店迎接	（1）门口迎接。迎宾应主动迎接问好，引导客人进入前厅，行李员主动为客人提取行李，门童主动开拉门服务等 （2）柜台迎接。面带微笑，主动问好、热情欢迎客人前来饭店
检查客人证件	确认订房后，应根据国家公安部门的有关规定，检查客人的证件，维护饭店和客人安全
办理入住登记手续	（1）填写客人住宿登记表。 （2）建立客人账卡。为客人建立一个消费账户，以便日后结账服务。 （3）收取押金。根据实际规定请客人交纳一定数量的押金，并开具临时收据。在离店时统一结账，多退少补
送客人进房	（1）柜台接待人员根据分房结果填写通知单，并迅速通知饭店相关人员实施接待服务 （2）客房楼层为客人开房，引导客人进入房间。行李员将行李送至客房等

（2）团队入住接待。团队入住接待的程序与内容见表 2-4。

表 2–4 团队入住接待

程序	内容
团队客人到店迎接	（1）客人迎接。引导客人进入前厅，到团队接待室或指定地点，等候办理入住登记手续。 （2）行李搬运
核对团队名单与检查证件	（1）核对名单。与导游或领队核对事先准备好的团队接待方案及名单，检查预分方案与实际情况是否一致。若不符，迅速与导游或领队协商，做出调整。 （2）检查证件。请导游或领队协助，检查客人有效证件

续表

程序	内　　容
办理团队 入住登记手续	（1）填写团队客人入住登记表。 （2）分配客人住房。告知导游或领队客人的房号，并由导游或领队协助分发房卡
送客人进房	（1）柜台接待人员根据分房结果填写通知单，并迅速通知饭店相关人员实施接待服务。 （2）客房楼层为客人开房，引导其进入房间，行李员将行李送至客房等

（3）VIP 入住接待。VIP 入住接待的程序与内容见表 2-5。

表 2–5　VIP 入住接待

程序	内　　容
客人到店前准备	（1）打印 VIP 客人接待通知单。根据客人的重要程度确定客人的具体接待等级规格。 （2）做好 VIP 客人入住准备。根据 VIP 接待方案，事先填写好相关资料并准备好相关物品，确保万无一失，并根据接待等级规格催请有关人员按时前来大厅迎接客人
客人到店后 的接待服务	（1）到店迎接。相关人员在大厅迎接 VIP 客人。 （2）办理入住登记。根据 VIP 客人的接待等级规格及饭店性质不同，可以在行政楼层（又称商务楼层）或 VIP 房间办理
客人住店后 资料处理	（1）资料交回前厅柜台。 （2）通知有关部门和人员。告知有关部门 VIP 客人的姓名及入住情况。 （3）注意 VIP 客人的动态

2.3.3　接待常见问题及处理

1. 客人等候办理入住手续时间过久

客人一般都希望尽快办理入住手续，减少等候时间，尤其是在繁忙时刻，大厅内有可能会出现忙乱的现象。这就要求接待员在客人抵店前，熟悉订房资料，检查各项准备工作。同时根据客情，合理安排人手，客流高峰到来时，保证有足够的接待人员。接待员应保持正确、整洁的记录，即使在繁忙时刻也要保持镇静，不要打算在同一时间内完成很多件事。

2. 客人不愿翔实登记

应耐心地向客人解释填写住宿登记表的必要性，若客人处于怕麻烦或填写困难，则可代其填写，只要求客人签名确认即可；若客人出于某种顾虑，担心住店期间被打扰，则可以告诉客人饭店会为其开启"DND"（请勿打扰）功能，并通知相关接待人员，避免客人住店期间被不必要的打扰等。

3. 遇到有不良记录的客人

对于信用程度低的客人，通过确立信用关系、仔细核验、压印信用卡、收取预付款等方式，确保饭店利益不受损害，及时汇报有关处理的情况。对于曾有劣迹、可能对饭店造成危害的客人，应以委婉的说法，巧妙地拒绝其入住。

4. 在房间紧张的情况下，客人要求延住

可以先向住店客人解释饭店的困难，征求其意见，是否愿意搬迁到其他饭店延住。若客人不愿意，则应以照顾已住店客人的利益为第一要义，尽快通知预订处，为即将来店的客人另寻房间，或联系其他饭店。

5. 客人要求用一个证件同时开一间以上客房

按照饭店行业管理规定，入住饭店必须实行一人一证的登记制度。遇到一个证件同时开一间以上客房的这种情况，前台接待员应与客人解释清楚，请与其同行的人出示其他证件，若协商成功，应对客人表示感谢理解，并做好跟进服务工作。若客人还继续坚持，接待员应礼貌的拒绝。

2.4　前厅其他业务管理

2.4.1　礼宾业务（金钥匙服务）

为了体现饭店的档次和服务水准，许多高档次饭店都设立礼宾部，其礼宾服务的主要内容包括接机服务、客人迎送、金钥匙服务、行李接送、行李寄存、邮件递送、留言找人、委托代办、物品租借、客人投诉处理、用车安排、停车管理等。最先迎接和最后送走客人的礼宾部的全体员工，是饭店对客服务的重要组成部分，很大程度上体现饭店的对客服务质量。

为了提高礼宾服务质量，一些高档次的饭店沿袭国际惯例，在前厅设置金钥匙岗位，提供金钥匙服务。金钥匙服务最早起源于法国，并已成立了国际金钥匙组织。其组织标志是两把交叉的金钥匙（见图 2-5 和图 2-6），代表着饭店金钥匙的两种职能：一把金钥匙用于开启饭店综合服务的大门，另一把金钥匙用于开启城市综合服务的大门。在国际上，金钥匙已成为饭店个性化、极致化服务的重要标志。只要不违反道德和法律，任何事情金钥匙都必须尽力办到和办好，以满足客人的需要。"尽管不是无所不能，但一定要竭尽所能"成为服务宗旨的真实写照。

图 2-5 国际金钥匙组织标志

图 2-6 国际金钥匙组织中国区标志

知识链接

1982 年广州白天鹅宾馆建馆之初，在副董事长霍英东先生的倡导下，宾馆在前台设置了委托代办。1990 年，在霍英东先生和宾馆总经理杨小鹏先生的倡导下，宾馆派员工参加了第一届亚洲"金钥匙"服务研讨会，随后宾馆最先推行"金钥匙"服务，并于 1993 年率先加入了国际金钥匙组织，成为中国第一位国际金钥匙组织成员。1994 年初以白天鹅宾馆为首，广州成立了中国第一个地区性"金钥匙"组织，次年 11 月，在全国主要五星级饭店的大力支持下，又在此召开中国第一届金钥匙研讨会。1996 年在国家旅游局的大力支持下成立了中国饭店业"金钥匙协会"。1997 年 1 月，在第 44 届国际金钥匙年会上，中国区金钥匙被接纳为第 31 个成员。

2000 年 1 月 16 日至 21 日，"第 47 届国际饭店金钥匙组织年会"在中国广州召开，标志着中国区金钥匙组织已发展壮大到一定的规模，在国际金钥匙组织中占据重要地位。截至 2016 年 1 月，中国饭店金钥匙组织已发展到 260 多个城市的 2 000 多家高星级饭店和高档物业，有近 3 000 名金钥匙会员。

2.4.2 问讯业务

1. 咨询、查询服务

咨询、查询服务主要包括：

（1）查询客人信息。对于查询客人的房号、有无他人来访等信息，问询员应先问清查询者的姓名、与住客的关系等，然后打电话到被查询者的房间，征求住客的意见。对于有特殊要求保密房号的住店客人，问询员更应该小心谨慎处理。

（2）查询、咨询饭店内部信息。问询员要做出使客人满意的答复，必须熟悉饭店的各项情况，并积极、热心地向客人宣传和推销饭店产品。

（3）咨询饭店外部信息。要求问询员掌握大量的信息，以及准备大量的书面资料，并根据客人的需求和具体情况变化，对资料不断地更新补充。

案例链接

某饭店入住的一位先生要求提供保密服务，第二天一位自称为该客人妻子的女士到饭店前台问讯处查这位客人，问询员 A 便礼貌告知查无此人，但该女士说其丈夫肯定在这里住，有非常紧急的事情，要求问询员仔细查找。此时 A 灵机一动，说："我再到办公室帮你详细核查一下住客资料。"A 来到后台，通过电话向那位先生说明情况，其表示要求回避。于是 A 来到前台再次对该女士说查无此人，该女士见问询员不厌其烦地找了几遍都没有结果也就离开了。

2. 留言服务

来拜访住客的来访者未见到住客，或者住客外出前未见到约定的来访者，都可以通过问讯处的留言服务得到帮助。留言具有一定的时效性，所以留言服务的基本要求就是传递迅速、准确。为了对客人负责，对不能确认是否住在本店的客人，或是已退房离店的客人，不能接受访客留言，除非离店客人有委托。

3. 邮件服务

邮件的种类包括信件、传真、电报、包裹等。处理进店邮件的基本要求是细心、准确、快捷、保密。接受客人的寄出邮件时，应仔细检查邮件的种类和内容，请客人当面填好寄件单等，向客人说明相关的规定和可能涉及的问题，在指定的时间送至办理地点，并作记录。

2.4.3 总机业务

1. 转接店内外电话服务

总机房转接店内外电话服务是不和客人见面的，主要通过话务员的服务态度、语言艺术和操作的熟悉程度来满足客人需求。要求话务员使用热情、礼貌、温和的服务语言，具备熟练的转接动作，并不断努力学习业务，扩大知识面，在电话服务中为客人提供方便。

2. 叫醒与代客留言服务

电话叫醒服务是饭店对客服务的一项重要内容。它涉及客人的计划和日程安排，特别是叫早服务往往关系到客人的航班和车次。饭店叫醒服务分为人工叫醒和自动叫醒两种。无论哪种方式，话务员在受理时都应认真细致，避免差错和责任事故的发生。一旦出现失误，应积极采取措施，而不要在责任上和客人纠缠。

代客留言服务与问讯业务中的留言服务基本一致，只是留言的方式存在差别。

3. 紧急情况下充当临时指挥中心

当饭店出现紧急情况时，如火灾、水灾、伤亡事故、恶性刑事案件等，电话总机要作为饭店管理者采取相应措施的指挥中心。

2.4.4　商务中心业务

1. 工作内容

饭店商务中心对客服务的工作内容和方法随中心所设服务项目的内容不同而变化。其主要服务项目的工作内容包括以下各项：

（1）秘书服务。专业的打字服务，同时也可视宾客的要求安排全职的秘书；

（2）会议厅租用。按照客人要求安排、布置好会议室；

（3）办公室设备租用。包括台式及笔记本电脑、传真机、幻灯机及其他商务设备等；

（4）印刷、复印服务。可提供复印资料、印刷名片等服务；

（5）其他服务。如传真、快递、邮寄、翻译及口译服务等。

2. 未来发展趋势

1）从提供商务服务转向提供商务设施出租

随着现代技术的飞速发展，虽然商务客人普遍携带自己的手提电脑和手机住店，但不可能携带所有现代信息、通讯设施设备。饭店也不可能在所有房间内提供全部的商务设备，因此商务中心可以将部分设备出租给客人使用。

2）服务内容发生变化

越来越多的商务人员通过电脑等设备就可以开展商务活动，如视频会议、文件传输等。因而商务中心从提供商务服务场所为主向提供商务活动的技术支持和帮助为主的方向发展，如为客人提供手提电脑维护、修理服务等。

知识链接

"电脑金钥匙"是从金钥匙的委托服务衍生出专门为商务客人提供电脑技术服务的"技术侍从"。一旦客人的笔记本电脑遇到麻烦或其他电子技术问题，这些电脑天才们可随叫随到，当即排除故障，保证客人顺利工作。在著名的四季饭店集团和丽晶集团则创造出一个新名词——compcierge，由电脑和金钥匙两个单词各取一半拼成，意即"电脑金钥匙"，能高水平地解决客人遇到的一切电脑问题。

3）服务方式多样化

从传统商务型服务向适应新形势的服务方式多样化方向发展。从被动地在商务中心为客人提供服务，到主动为各类会议提供支持和帮助，这是当今商务中心兴起的一个极为重要的新的服务领域。

2.4.5 前台收银业务

1. 设置住客账户

饭店必须为住客设置单独的账户，以便将多个账单的分账指令、固定收费、转账指令、签单授权、信用授权等录入到该账户下，便于查询和日后结账。住客消费账户设置关系到饭店应有经济效益的安全回收，要求饭店对客服务的各个部门，必须密切配合，将客人的各种消费账单及时传递到前台收银处，迅速入账。

2. 结账业务

结账业务是客人离店前所接受的最后一项服务，现代化饭店一般采用"多点多次消费，一次性结账"的收费方式。客人在办理离店手续对饭店产生的最后印象是至关重要的，它可以决定客人是否再度光临并带来新的客人。在为客人办理离店手续时，收银员应热情、礼貌、快捷而准确地提供服务，一般要求在 3～5 min 内完成。

3. 夜间稽核

夜间稽核是在一个营业日结束后，对所有发生的交易进行审核、调整、对账、计算并过入房租，统计汇总，编制夜核报表，备份数据，结转营业日期的一个过程。除了上述任务以外，夜核工作还包括确认未到预定、检查应离未离客房、办理自动续住、变更订房状态、制作营业报表等。

4. 外币兑换服务

饭店为方便客人，经中国人民银行授权，根据国家外汇管理局公布的外汇牌价，代办外币兑换业务。整个服务过程中，要求收银员热情礼貌、周到细心，外币兑换准确及时，手续完善，不发生私换外币及票据和现金差错的情况。

5. 贵重物品保管

饭店为保障住店客人的财产安全，通常在总台收银处后面或者旁边一间僻静的房间里设置贵重物品保管箱，由收银员负责，免费为客人提供贵重物品保管服务。每个保管箱有两把钥匙，一把由收银员负责保管，另一把由客人亲自保管，只有这两把钥匙同时使用才能打开或上锁保管箱。保管箱的启用、中途开箱、退箱，一定要严格按饭店规定的操作程序进行，并认真填写有关保管记录，以确保客人贵重物品的安全，防止各种意外事故的发生。

2.4.6 行政楼层服务业务

1. 行政楼层的概念

行政楼层是现代高档、豪华饭店为了接待对服务标准要求高，并希望有一个良好商务活动环境的高级商务人士，向他们提供贵宾式优质服务而专门设立的特殊楼层。在很多饭店也被称为"商务楼层"或"豪华层"。

由于行政楼层为客人提供更加周到的服务，而且很多服务项目是免费的，如免费洗衣、熨衣、免费早餐和下午的鸡尾酒会及全天免费享用的咖啡和茶等，所以其房价一般要高出普通房价的 20%～30%。

2. 主要服务项目

（1）轻松入住。住在行政楼层的客人，不必在总台办理住宿登记手续，客人的住宿登记、结账等手续直接在行政楼层由专人负责办理。

（2）丰盛早餐。自助餐台上各种食品、饮品丰富，任客人自选，就餐酒廊环境幽雅，接待人员态度热情、动作敏捷、服务意识极强。

（3）时事动态。提供多种中外报刊，使客人随时了解世界各地要闻及商业经济动态。

（4）悠闲下午茶。每天下午按时布置好茶水台，各种茶饮、点心等免费供客人选用。

（5）鸡尾酒会。行政楼层在晚间还精心安排免费为本层客人提供结识新老朋友、沟通关系的鸡尾酒会。

（6）商务洽谈。设置各种会议室和洽谈室，配置复印机、传真机、电脑工作台、多功能投影仪等设备，并提供打印、翻译、装订文件、发送文稿等商务秘书服务。

（7）委托代办。为商务客人出行、中转提供票务、订房、订车等代办服务，使客人享受快捷、方便的服务。

（8）快速结账。为客人在本层或房间办理离店结账手续，并提前安排行李员或代订交通工具。

2.5 房价管理与客房经营统计分析

客房收入作为饭店经济收入的重要组成部分，它取决于有限时间内的客房出租率和单位客房的日出租收入两个因素。房价是指客人住宿一夜所应支付的住宿费用，它是客房价值的货币表现。房价合理与否，直接影响到饭店的市场竞争能力、经济收入利润水平。因此房价管理是饭店经营管理的关键性工作。

2.5.1 房价管理

1. 房价的构成

饭店客房的价格由客房直接成本、费用、税金和利润构成。其中，客房直接成本包括土地价格、建筑成本、设施设备成本、装饰装修费用等；费用通常包括人工成本、经营管理费、财务费用、保险费等。

2. 房价的类型

饭店客房的价格类型是多样的，按不同的划分标准可以划分出多种类型，具体划分内容如表 2-6 所示。

表 2-6 饭店客房价格类型

划分依据	价格类型	说　明
客人类型	标准价	又称"门市价""柜台价"，是由饭店管理部门规定，价目表上明码公布的各类客房的现行价格，不含任何服务费或折扣等因素
	公司价	与提供客源的公司签订合同，双方长期合作，报价低于标准价
	团队价	与旅行社签约，由其长期提供大量客源，形成稳定客户，价格较低
	会议价	与会议主办单位签约，提供会议服务，多为一次性报价，价格通常高于团队价
	长包价	与长住客户签约，商定价格，住期一般为 3 个月至 1 年，价格通常高于团队价
	小包价	又称观光价，房价中包括用餐、交通、观光等费用，提供全面服务
租用时间	淡季价	在旅游淡季为刺激需求而采用的房价，一般在标准房价的基础上下浮一定的百分比
	旺季价	饭店营业旺季采用的房价，一般在标准房价的基础上上浮一定的百分比
	平季价	介于淡旺季之间的房价
	白日价	为白天到饭店休息却不在饭店过夜的客人提供；也有一些饭店按小时收费

案例链接

某饭店销售部洪小姐与两家公司各签了不同价格的双标房合同，其中，A 公司签订双标房 360 元/间·天，B 公司签订双标房 430 元/间·天。两家公司因业务关系，业务员互相认识，无意间知道了对方的订房价格。因此 B 公司的负责人理直气壮地找到了饭店的洪小姐，"凭什么 A 公司的合同价要比我们的低呢？这样不合适吧！"洪小姐告诉 B 公司，客房的价格的确有差异。只要公司每年的入住间数和消费水平达到一定的量，就可以给低价，这是饭店明文规定的政策，不存在由于个人感情的好坏而给予不同价格的问题。经过洪小姐的耐心解释，B 公司负责人考虑到本公司客人的确不够稳定，于是合同价差异之事就不再提了。

3. 饭店的计价方式

（1）欧式计价（EP）。欧式计价是指饭店标出的客房价格只包括客人的住宿费用，不包括其他服务费用的计价方式。这种计价方式源于欧洲。

（2）美式计价（AP）。美式计价是指饭店标出的客房价格不仅包括客人的住宿费用，而且还包括每日三餐的全部费用，因此又被称为全费计价。这种计价方式适用于远离城市的度假型饭店或会议型饭店。

（3）修正美式计价（MAP）。修正美式计价是指饭店标出的客房价格包括客人的住宿费和早餐、午餐（或晚餐）两餐的费用。这种计价方式适合于普通游客，多用于旅行社组织的旅游团队。

（4）欧陆式计价（CP）。欧陆式计价是指饭店标出的客房价格包括客人的住宿费和欧陆式早餐的费用。欧陆式早餐通常较为简单，一般只提供咖啡、茶、牛奶、黄油、果酱、面包和果汁等。

（5）百慕大计价（BP）。百慕大计价是指饭店标出的客房价格包括客人的住宿费和美式早餐费用。美式早餐较为丰富，除含欧陆式早餐的内容之外，通常还包括火腿、香肠、咸肉等肉类和鸡蛋等。

2.5.2　客房经营主要指标分析

1. 客房出租率

客房出租率（occupancy，OCC）是反映饭店经营状况的一项重要指标，指饭店实际出租客房数在可供出租客房总数中所占的比例。客房出租率的比值越大，说明饭店客房利用率越高，客源市场越充足。其计算为

$$客户出租率 = \frac{已出租客房数}{可供出租客房数} \times 100\%$$

其中

$$日出租率 = \frac{日出租客房数}{可供出租客房数} \times 100\%$$

$$月出租率 = \frac{月出租客房天数}{可出租客房数 \times 月营业天数} \times 100\%$$

$$年出租率=\frac{年出租客房天数}{可出租客房数×年营业天数}×100\%$$

显然，饭店要获得更多的盈利，必须扩大客房销售，提高客房出租率。但是客房出租率并非越高越好，长期过高的出租率会造成以下一些问题：① 设施设备超负荷使用，得不到必要的保养维修，将出现功能、质量下降，缩短寿命等问题；② 员工产生工作疲劳，容易出现不满情绪，无暇参加培训等，造成服务质量下降；③ 如若发生突发事件或紧急情况下，房间的调度、调剂使用也会造成不利的影响。因此饭店必须有意识地严格控制客房使用，为客房维修和全面质量控制创造机会。

2. 实际平均房价

实际平均房价（average daily rate，ADR）是饭店经营活动分析中仅次于客房出租率的第二个重要指标，是反映客人构成合理程度和影响房租收入的重要指标。在出租率一定的条件下，实际平均房价越高，则客人结构越好，房租收入越高。其计算为

$$实际平均房价（ADR）=\frac{客户总收入}{已出租客房数}$$

实际平均房价的高低直接影响饭店的经济收益。影响实际平均房价变动的主要因素是实际出租房价、客房出租率和销售客房类型结构。饭店的实际出租房价与门市价有较大的差别。由于优惠、折扣、免费住宿等，会使实际出租房价低于门市价，有时会低得多。只有在经营旺季执行旺季价时，才接近甚至高于门市价。

实际平均房价与客房出租率密切相关。一般来说，要提高客房出租率，会使平均房价降低；反之，要保持较高的平均房价，会使客房出租率下降。所以，处理好客房出租率和平均房价的关系，既可以得到合理的平均房价，又能保持较高的客房出租率，使客房的收益最大，这是饭店经营管理的艺术。片面追求某一方面，都得不到利益最大化。

3. 平均客房收益

平均客房收益（revenue per available room，RevPAR）指一定时期内，饭店每个可用客房平均所取得的收益。平均客房收益反映的是以每间客房为基础所产生的客房收入，因此能够衡量酒店客房库存管理的成功与否，其计算为

$$平均客房收益（RevPAR）=\frac{客房总收入}{可供出租客房数}=客户出租率×实际平均房价$$

如果单用客房出租率或者单用实际平均房价分析或考核客房的经营业绩是片面的，甚至会得出相反的结论。而平均客房收益将这两项重要分析指标综合起来，能够合理地反映客房的经营质量，因此是国际酒店业普遍使用的一项衡量饭店客房经营水平和投资回报的重要指标。

资料链接

2018 年 9 月 30 日，文化和旅游部公布了 2017 年度全国星级饭店统计公报。截至 2017 年底，全国星级饭店统计管理系统中共有 10 645 家星级饭店，其中一星级 82 家，二星级 2 026 家，三星级 5 166 家，四星级 2 525 家，五星级 846 家。全国星级饭店的主要经营指标详见表 2-7。

表 2-7　2017 年度全国星级饭店主要指标统计表
（按星级分）

指标	单位	五星级	四星级	三星级	二星级	一星级	合计
平均房价	元	612.35	328.06	220.36	171.17	102.39	343.43
平均出租率	%	61.43	56.63	51.30	47.08	52.62	54.80
每间可供出租客房收入	元/间夜	376.14	185.77	113.05	80.59	43.09	188.20

资料来源为《2017 年度全国星级饭店统计公报》。

复习与思考

一、名词解释

房态　超额预订　金钥匙　客房标准价　平均客房收益

二、填空题

1. 前厅部的主要机构有_____、_____、_____、_____、_____、_____、_____。
2. 客房预订的类型有_____、_____、_____、_____。
3. 客房价格主要由_____、_____、_____、_____四个部分构成。
4. 饭店的主要计价方式包括_____、_____、_____、_____。

三、选择题

1. 在现代饭店中，一般为客人提供叫醒服务的部门是？（　　　）

A. 礼宾部　　　　　B. 电话总机　　　　C. 接待处　　　　D. 预订处

2. 根据国际饭店管理经验，下列哪一个超额预订的比率是可以接受的？（　　　）

A. 23%　　　　　　B. 12%　　　　　　C. 20%　　　　　D. 35%

3. 金钥匙服务被引入饭店最早起源于哪个国家？（　　　）

A. 美国　　　　　　B. 意大利　　　　　C. 法国　　　　　D. 英国

4. 下列哪种计价方式包含美式早餐费用？（　　　）

A. 欧式计价　　　　B. 美式计价　　　　C. 百慕大计价　　D. 欧陆式计价

5. 以下说法正确的是（　　　）。

A. 饭店出租率越高越好

B. 饭店实际平均房价越高反映经营效益越好

C. 饭店平均客房收益越高反映经营效益越好

D. 以上都不对

四、简答题

1. 简述前厅部工作特点。

2. 客房预订的渠道有哪些？

3. 超额预订有哪些补救措施？

4. 简述团队客人入住接待服务的流程。

五、案例分析

1. 一位客人来到饭店的前台，在办理入住手续时向接待员提出房价七折的要求。按照该饭店的规定，只向住宿六次以上的常住客提供七折优惠。这位客人声称自己也曾多次住店，服务员马上在计算机上查找核对，结果没有发现这位先生的名字，当服务员把调查结果当众道出时，这位客人顿时恼怒起来。此时正值饭店入住登记的高峰期，由于他的恼怒、喊叫，引来了许多不明事由的好奇目光。

思考：饭店应该如何处理这类事件？饭店服务人员是否有过失之处？

2. 9月19日，熟客梁先生早上入住1022房，一切手续办完后，客人问前台服务员于次日 2:00PM 退房可不可以，服务员答不可以，客人再问一次，服务员再答不可以，客人再三问，服务员再三答不可以，双方争执不下，而吵起来。以至于出动客房部经理、饭店总监，才让客人的怒气平息。客人在离店时对保安说：你们饭店前台的服务质量真差劲。

思考：前台服务人员有何不妥之处？会给饭店带来什么影响？

六、计算题

某饭店有 400 间可供出租的客房，请根据表 2-8 中给出的数据，分别计算 2018 年 1 月 1 日、6 月 1 日、12 月 1 日的客房出租率及平均客房收益。

表 2-8　某饭店客房出租情况

时间	出租房间数（间）	平均房价（元）
2018 年 1 月 1 日	320	400
2018 年 6 月 1 日	300	410
2018 年 12 月 1 日	280	430

第 3 章

客房服务与管理

▶ **知识结构导览图**

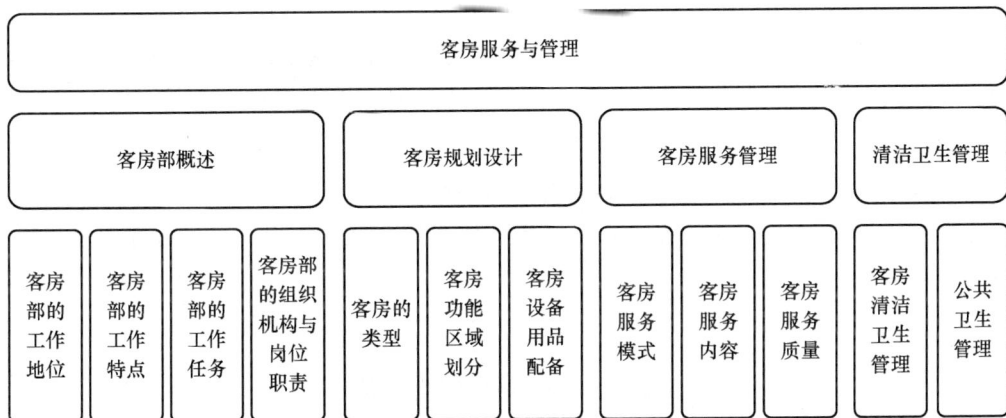

```
┌─────────────────────────────────────────────────────────────┐
│                        客房服务与管理                          │
└─────────────────────────────────────────────────────────────┘

┌──────────────┐  ┌──────────────┐  ┌──────────────┐  ┌──────────────┐
│   客房部概述   │  │  客房规划设计  │  │  客房服务管理  │  │  清洁卫生管理  │
└──────────────┘  └──────────────┘  └──────────────┘  └──────────────┘
```

| 客房部的工作地位 | 客房部的工作特点 | 客房部的工作任务 | 客房部的组织机构与岗位职责 | 客房的类型 | 客房功能区域划分 | 客房设备用品配备 | 客房服务模式 | 客房服务内容 | 客房服务质量 | 客房清洁卫生管理 | 公共卫生管理 |

▶ **学习任务与要求**

1. 了解客房部的工作地位、特点及任务;
2. 理解客房的功能区域划分,掌握客房的类型划分;
3. 理解客房服务的内容,掌握客房服务质量管理;
4. 理解客房清洁卫生管理。

引入案例

来自加拿大的凯特女士是一位研究中国古典文化的学者,或许是职业原因,她性格孤僻、不苟言笑。在饭店住了 4 天,每天进进出出很忙碌,但几乎从不开口,也不跟人打招呼,更难让人看见一丝微笑。楼层服务员都觉得这位学者架子挺大,不容易相处,任凭他们如何笑脸相迎，每次她都是无动于衷。

第四天晚上，凯特打电话让服务员给她送壶热水，说完立即挂断电话。服务员新月丝毫不敢怠慢，在接近凯特房间，一阵悠扬的乐声在寂静的长廊里飘荡——是她最喜欢的《梁祝》。新月敲门而入，突然凯特幽幽自语地说："多美的曲子呀！"新月微笑地问："您喜欢这曲子吗？""当然！它是我的至爱。百听不厌，我每晚都听。可惜没有百合花。"新月犹豫了一下，忍不住问她，"为什么要百合花？""只有百合花的高洁和清香才配得上这首曲子呀。可惜这里是饭店。"说完又缓缓地闭上了双眼。

隔天晚上，凯特忙完一天的事情回到房间打开灯，意外地看到床头柜上摆着的正是她心里惦记了几天的百合花。她打电话叫楼层服务员新月。这时从电话里传来"凯特小姐，请原谅！事先没征求您的意见。我昨晚看到您如此喜欢我们的民族音乐，很是感动。这里是《梁祝》的家乡，在它的故乡里，您的聆听又怎么能少得了百合花呢？所以我就自作主张，在您的床头柜上摆上了这束新鲜的百合花，希望它能陪您度过一个舒适的夜晚。"凯特虽然没有说什么，但紧绷的脸上有了一丝的微笑。

几个月后，凯特怀着丝丝的暖意再次来到中国并选择了这家饭店。在她步入房间的一瞬间，突然发现床头柜上正摆着一束盛开的百合花。她用询问的眼神看着新月。新月说："昨晚总台服务员已经告诉我您要入住我们饭店的信息。"太感谢你们了！"这位"金口难开"的顾客几个月来第一次向饭店表示了发自内心的感谢。

思考：上述案例中，服务员新月的做法有什么可取之处？客房服务质量对饭店有何影响？

3.1 客房部概述

客房部又称房务部、管家部，是饭店管理有关客房事务，向客人提供住宿服务的部门。客房服务是饭店的核心产品，虽然现代饭店越来越向多功能方向发展，但满足客人住宿要求仍然是饭店最基本、最重要的功能。

客房部承担着整个饭店客房楼层及公共区域的清洁卫生工作，提供各种客房服务项目，负责客房用品消耗的控制以及设备的维修保养等。客房服务人员主动热情、周到细致的服务会给客人留下美好而深刻的印象，其服务质量直接影响客人的住宿体验和服务满意程度，对饭店的声誉和经济效益产生重大影响。

3.1.1 客房部的工作地位

1. 客房服务是饭店的核心产品

住宿是饭店最主要的使用功能，客房服务是饭店最核心的产品。无论饭店如何发展，客房永远是饭店不可缺少的部分。清洁美观、舒适安全的住宿空间，是住店宾客购买的最主要产品。

2. 客房是饭店的重要收入来源

饭店的经济收入主要来源于客房收入、餐饮收入和综合服务设施收入三部分。客房初建时虽然投资大，但耐用性强，变动成本低，可重复销售和获利。一般来说，饭店客房收入要占饭店全部营业收入的 50%～60%，功能少的小型饭店可以达到 70% 以上。从利润方面来分析，通常可占饭店总利润的 60%～70%。另外客房出租又会带动其他部门设备设施的利用，给饭店带来更多的经济效益。

资料链接

根据中华人民共和国文化与旅游部 2018 年 11 月公布的《2018 年第一季度全国星级饭店统计公报》显示，全国 9 332 家星级饭店第二季度的营业收入合计 499.59 亿元，同比基本持平，其中餐饮收入为 195.09 亿元，占营业收入的 39.05%；客房收入为 240.95 亿元，占营业收入的 48.23%，详细情况见表 3-1。

表 3-1　2018 年第二季度全国星级饭店经营情况统计表
（按星级分）

项目 星级	数量（家）	营业收入（亿元）	餐饮收入比重（%）	客房收入比重（%）
合计	9 332	499.59	39.05	48.23
一星级	60	0.21	46.70	49.76
二星级	1 583	16.29	35.40	50.09
三星级	4 497	109.61	41.33	46.29
四星级	2 367	173.93	38.62	47.29
五星级	825	199.52	38.48	49.97

3. 客房服务质量是饭店服务质量的重要标志

客房是宾客在饭店中逗留时间最长的地方，客房服务质量的高低是宾客衡量"价"与"值"相符与否的主要依据，如客房清洁卫生、装饰布置、服务员的服务态度与效率等，直接关系到客人对饭店的印象和总体评价，是决定是否再次光顾的主要因素。

4. 客房部管理直接影响饭店的运行管理

饭店的员工总数是以客房数量的多少为标准的，一般每间客房需要至少配备 1.2～1.5 人。客房部员工占饭店员工总数比例较大，其队伍的整体素质对饭店人力资源的管理和服务质量的改善具有重要意义。另外客房部的物资设备众多，对饭店成本控制计划的实现有直接作用。因此，客房部的管理对于饭店的总体管理关系重大，是影响整个饭店运行管理的关键部门之一。

3.1.2　客房部的工作特点

1. 事务繁杂，随机性强

客房是客人休息、工作、会客、娱乐、存放行李物品的场所。从客房的整理、物品补充、查房、设施设备的日常维修保养到各项客房服务，都较为繁杂琐碎，且具有很强的随机性，可能随时需要根据客人的要求提供相应的服务。同时除了客房业务外，客房部还需要负责公共区域的清洁及布草洗涤、发放工作，管辖范围广，工作种类多，涉及人员多，这都为其增加了工作难度。

2. 服务有很强的隐蔽性与无形性

客人购买客房产品之后，客房便成为了客人的私人领域。因此客房服务强调以"暗"服务为主，尽可能将服务工作在客人到来之前或不在房间期间内完成，且服务人员在客房内不能随意移动、翻看客人物品，要尊重客人的隐私权，让客人感受到饭店处处都在为其服务，却又看不到服务的场面。

3. 承担着重要的安全责任

客房区域情况复杂，但由于客房的封闭性和私密性，安全隐患往往不易发觉。饭店可能产生的消防、治安、盗窃、意外死亡等安全问题较多集中在客房区域。因此客房部所担负的安全生产责任也是所有部门中最为繁重的，稍有不慎，将会造成不可挽回的损失。

3.1.3　客房部的工作任务

1. 提供客房接待服务

客房是客人在饭店停留时间最长的场所。除了休息设施外，客房部还需要根据客人的需要为其提供洗衣、访客接待、客房布置等一系列服务。同时，客房部的接待服务工作不仅限于客人在饭店入住期间，还应包括客人到来之前和离去之后提供的服务。

2. 饭店客房及公共环境清洁工作

清洁卫生在饭店的经营管理中具有特殊的意义，是衡量饭店商品使用价值的基本要素和重要标志。这就要求客房服务员每天检查、清扫和整理客房，同时要负责饭店内所有公共区域的清洁、美化、设备设施及植物养护、环境布置，使饭店时刻处于清洁、优雅、常新的状态，为客人创造良好的住宿环境。

3. 提供洁净美观的棉织品

饭店的棉织品除了客房使用的一系列品种外，还有餐饮部门的台布、餐巾以及饭店所有窗帘、沙发套、员工制服。在附设洗衣房的饭店，这些棉织品的选购、洗涤、收发、保管、缝补和熨烫，都由客房部所属的洗衣房负责。

4. 降低客房成本费用

客房中的物品种类繁多，需求量较大。物资用品及其他费用开支是否合理，直接影响客房部和饭店的经济效益。因此客房部要制定合理的物资用品管理制度、明确各级管理人员的职责，一方面要根据客房的档次满足客人需要，另一方面又必须控制消耗、减少浪费，努力降低成本费用，力求最大的经济效益。

5. 保障饭店及客人的安全

客人投宿饭店的前提之一是饭店能保障其安全需要。一般来说，饭店的安全事故大多发生在客房。因此客房员工必须具有强烈的安全意识，保管好客房钥匙，做好钥匙交接记录。一旦发现走廊或客房有可疑的人或事，或有异常的声音，应立即向上级报告，及时处理，消除安全隐患。

3.1.4 客房部的组织机构与岗位职责

1. 客房部主要机构

（1）客房服务中心。现代饭店客房管理的主导模式，是客房管理的神经中枢。负责处理信息，包括向客人提供服务信息和内部工作信息的传递；调度调节对客服务；控制员工出勤；管理工作钥匙；处理客人失物和遗留物品等。

（2）客房楼层服务组。负责所有住客楼层的客房、楼道、电梯口的清洁卫生，以及客房内用品的替换、设备的简易维修和保养等，并为住店客人和来访客人提供必要的服务。

（3）公共区域服务组。除餐饮后堂和客房楼层以外的区域都是公共区域，包括各部门办公室、餐厅、公共洗手间、大堂、通道、楼梯、花园等。公共区域客流量大，人员复杂，清扫困难较大，但是其服务质量的优劣对饭店的影响非常大。

（4）洗衣房。负责收洗客衣，洗涤员工制服和对客服务的所有布草。大部分饭店洗衣房都归客房部管理，但有的大型饭店，洗衣房则单独设为一个部门且提供对外服务，而小型宾馆饭店则可不设洗衣房，其洗涤业务可外包给其他公司。

（5）布草房。主要负责饭店所有布草、员工制服的收发、送洗、缝补和保管工作。

2. 客房部组织机构模式

客房部组织机构设置应该根据饭店的规模、档次、类型、特点及管理者的管理意图等综合因素考虑，构建专业分工明确、精简高效、沟通顺畅的有机整体。大中型饭店客房部的组织机构可参考图 3-1，小型饭店客房部的组织机构则可参考图 3-2。

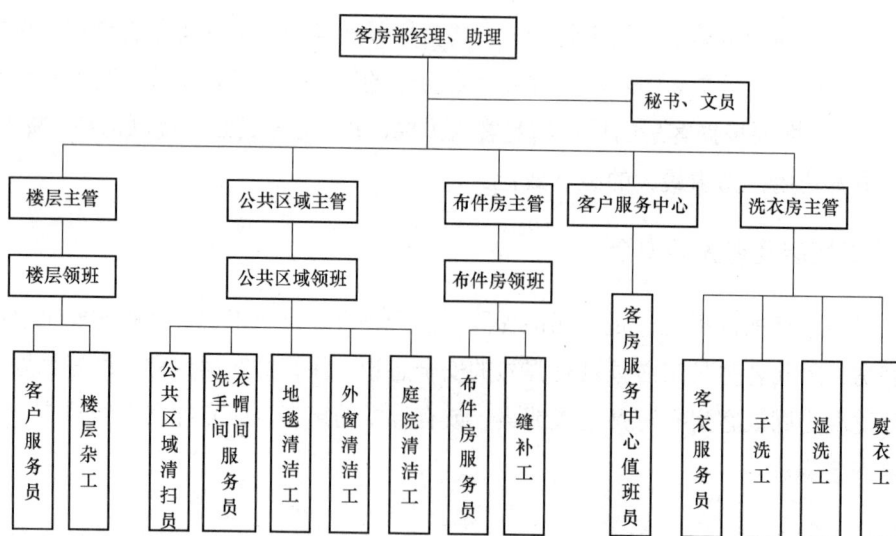

图 3-1　大中型饭店的客房部组织机构

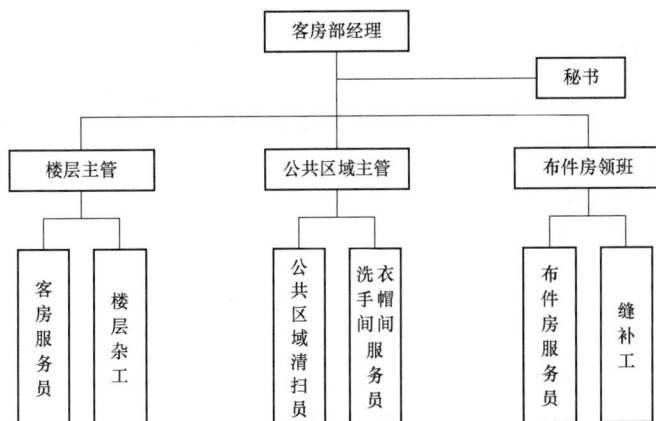

图 3-2 小型饭店的客房部组织机构

3. 客房部主要岗位及职责

（1）客房部经理。客房部经理主持客房部工作，对上向总经理或房务总监负责。制订和完善部门工作计划及各项规章制度；检查督导各管区工作落实情况；制订房务预算，控制支出；与有关部门积极沟通协作；定期走访住客，了解其需求，确保为客人提供优质高效的住宿服务等。

（2）楼层主管。楼层主管在客房部经理的领导下，负责客房楼层区域的管理工作。督导楼层领班和服务员的工作；巡视楼层，抽查客房卫生；处理突发事件及投诉；与前厅接待处密切合作，提供准确的客房状况等。

（3）公共区域主管。公共区域主管饭店所有公共区域的清洁卫生、绿化及美化工作；督导领班和清扫员的工作；巡视公共区域，重点检查卫生；控制清洁物料的耗用等。

（4）布草房主管。布草房主管饭店一切布草及员工制服事宜；督导下属员工工作；与客房楼层、餐饮部及洗衣房密切联系协作，保证工作任务顺利完成。

（5）客房服务中心值班员。客房服务中心值班员接受住客电话提出的服务要求，迅速通知楼层服务员；与前厅部、工程部等有关部门保持密切联系，尤其是与楼层和总台定时核对房态；负责楼层工作钥匙的保管分发；负责对客借用物品的保管、借还和保养；负责客房报纸的派发，并为 VIP 客人准备礼品；负责拾遗物品的保存和认领事宜等。

3.2 客房规划设计

不同类型、档次的饭店，为了满足客人住宿需要，设置了不同类型的客房。随着市场经济的变化和饭店之间竞争的加剧，饭店的客房种类和内部设施设备用品的配备趋向多样化，以适应不同类型客人的需求。

3.2.1 客房的类型

为满足客人的不同需求，饭店通常设置类型多样的客房。客房类型可以根据客房内床的数量和种类、房间数量和装修档次、客房所处位置等进行划分。

1. 根据床的数量和种类分类

1）单人房

单人房（single room）房间内配备一张单人床的客房，床的尺寸规格通常小于或等于 1.2 m×2 m，适合单个客人使用。通常这种房间的面积较小且数量较少，但功能齐全，隐私性强，价格较低。

2）双床房

双床房（twin room）房间内配备两张单人床，中间用床头柜隔开，可供两位客人居住。这类客房通常占饭店客房总数的绝大部分，适合于旅游团队和会议客人的需要。普通散客也大多选择此类客房。

3）大床房

大床房（double room）房间内配备一张双人床的客房。国际上，大床房根据双人床的尺寸规格其称呼也会有所不同，床的规格为 1.8 m×2 m 的大床房一般被称为（queen size room）；床的规格为 2 m×2 m 的大床房一般被称为（king size room）。大床房既适合夫妇居住，也适合单个客人居住。

4）三床房

三床房（triple room）房间内配备三张单人床的客房，属经济档客房。中高档饭店在这种类型的客房数量极少，有的甚至不设；当客人需要三人同住一间时，往往采用在双人间内加一张折叠床的办法。

2. 根据房间数量和装修档次分类

1）标准间

标准间（standard room）是指卧室、工作区、会客区同在一室，并且有单独卫生间的房间。标准间分为标准双人间和标准大床间，俗称"双标"或"单标"。标准间是每个饭店占比最多的经济房型。有些饭店为了区分普通与豪华的程度，同时也配备多种类型的标准间，例如普通标准间、商务标准间、豪华标准间及行政标准间等，依据不同等级、不同类型的装修或配置来进行区分。

2）套间

套间（suite）由两间或两间以上的房间（内有卫生间和其他附属设施）组成。根据房间数量及装修档次，套间又可分为普通套间、豪华套间、复式套间、总统套间等。

（1）普通套间（junior suite）又称标准套间。一般由一间卧室和一间起居室构成，面积相当于一个半或两个标准间。卧室内通常配备一张双人床；同时还应该设有两个卫生间，一个供主人使用，一个供来访客人使用。供来访客人使用的卫生间可以不配备洗浴设施。

（2）豪华套间（deluxe suite）。设施、装饰都较为高级豪华，可以是双套间，也可以是 3～5 间，用作卧室、起居室、书房、餐厅等。

（3）复式套间（loft suite）是一种两层楼套间，有楼上、楼下两层，内部有楼梯连接。一般楼上是卧室，楼下是起居室。各个房间的功能专一，互不干扰，能有效的保护客人的隐私。

（4）总统套间（presidential suite）通常由 5 间以上的房间构成，多者可达 20 间。套间内男女主人卧室分开，男女卫生间分用，还设有客厅、书房、娱乐室、会议室、随员室、警卫室、餐室或酒吧间以及厨房等，有的还设室内花园。总统套间装饰考究、价格高昂，也是饭店档次和形象的代表产品，但其出租率低，一般四星级及以上的饭店才设有。

3. 根据客房位置分类

1）外景房

外景房（front view room）指窗户朝着饭店外的大海、湖泊、大道、公园等风景地的客房，具体包括海景房、湖景房、江景房、山景房、市景房等。

2）内景房

内景房（atrium view room）窗户朝向饭店内部的庭院、走道或其他房间等景致处的客房，如园景房等。

3）角房

角房（corner room）位于走廊过道尽头或走道的拐弯处，一般来说距离服务台或电梯稍远些，所以也成为"拐角房"，通常面积较小或呈异形。

除了上述分类外，一些饭店还会推出满足客人特殊需求的客房，例如为残疾人提供的带有特殊设施的残疾人房；适合家庭居住的连通房（客房内部的隔墙有门相连通）；禁止吸烟或者进行过去味处理的无烟房等。

3.2.2　客房功能区域划分

为了更好地满足客人在客房的休息、工作等需求，客房需要在有限的空间内充分考虑客人的各种基本需求。在客房的室内空间处理上，通常可具体划分为以下五个功能区域：

1）睡眠空间

睡眠空间是客房最基本、最主要的空间，作睡眠用途，主要设施包括床、床头柜、床头灯等，其舒适程度直接影响到客人对饭店的选择。

2）盥洗空间

盥洗空间是客人清洁个人卫生、消除旅途和工作疲劳的重要空间，主要设施包括面盆、淋浴间（浴缸）、马桶、吹风机、化妆镜、毛巾架等。

3）起居空间

起居空间供客人休息、娱乐、会客、饮食等活动的区域。标准间的起居空间一般位于窗前，放置有软座椅、茶几或小圆桌、落地灯等。

4）书写空间

书写空间供客人书写、阅读及办公的区域。一般设在床的对面，沿墙设置一个长方形多功能柜桌。近年来随着商务客人的不断增长，书写空间不断改善，如办公桌、互联网接口的配置等。

5）储存空间

储存空间用于存放饭店为客人提供的用品和客人存放私人物件的地方，一般由壁橱、行李架组成，高档饭店还配有酒柜及迷你吧。壁橱通常设置在门房进出小过道侧面，内设有衣架杆、衣架等。

3.2.3 客房设备用品配备

客房设备用品的配备会随着饭店档次的不同而有所区别。通常高档饭店的设备用品应显示出其名贵豪华；中档饭店则要求美观舒适、方便安全；而低档、经济型饭店应以实用方便、经济安全为配备原则。虽然饭店因不同类型、档次对设备用品的要求不相同，但是基本的设备用品都必须配备，主要包含以下几类：

1）布件类

布件类包括床罩、床单、枕头、枕袋、窗帘、遮光帘、毛巾等。

2）家具类

家具类包括床、床头柜、衣柜、行李架、写字台等。

3）电器类

电器类包括电视机、电话机、迷你冰箱等各种电器。

4）文具类和低值易耗品

文具类和低值易耗品包括服务指南、信纸、信封、烟灰缸、垃圾桶、水杯、水壶等。

5）卫生间洁具及用品

卫生间洁具及用品包括洗手盆、马桶、浴缸、淋浴器、浴室镜、香皂、洗浴液、牙具等。

3.3　客房服务管理

客房服务是饭店服务的重要组成部分，在很大程度上体现了饭店的管理水平。提升客房服务管理水平，提高客房服务质量是现代饭店管理的重要任务之一。

3.3.1　客房服务模式

1. 楼层服务台管理模式

1）基本含义

设置楼层服务台是我国饭店客房房务管理的一种传统模式，即在客房区域的每个楼层设一个服务台。服务台一般设在电梯附近，背靠楼层工作间。楼层服务管理设楼层主管，下设卫生领班、值台领班与服务员。卫生班人员负责客房卫生清扫；值台班人员负责楼层服务，24 h 值班。从某种意义来说，楼层服务台可以看作是饭店前厅驻楼面的办事机构。这种管理模式曾经被很多饭店采用，但是受到国际饭店管理经验的冲击已经开始日渐萎缩。

2）利弊分析

该模式的优点：① 具有亲切感。能够为客人提供更加主动热情、及时周到的服务，使客人产生宾至如归的感受；② 保障安全与方便。能够有效地发现、汇报、处理楼层中的不安全因素，客人需要帮助，也能极为方便地找到服务人员；③ 有利于客房销售。饭店可以及时准确地了解到客房的房态及运营情况，便于客房的营销工作。

楼层服务台也有诸多缺陷：① 劳动力成本高，增加营业费用。楼层服务台均为 24 h 值班，需要为其配备大量的人力，直接增加了饭店的劳务成本和营业费用；② 管理难度加大。由于管理点较为分散，每个服务台上的服务员服务水平也有差异，服务质量难以控制；③ 客人容易产生被监视的感觉；且会影响楼层安静。现代社会人们越来越注重隐私，客房是住店客人的私密空间，也是其休息场所，楼层服务台的设置会对客人隐私及楼层环境产生影响。

2. 客房服务中心管理模式

1）基本含义

客房服务中心是国际上大部分国家和地区的饭店采用的一种房务管理模式。在我国主要是改革开放后，随着大批合资饭店的采用而逐步得到推广的。一般在客房楼层的某一位置，如靠近员工更衣室和员工电梯，设置有一定面积的客房服务中心。室内设置物品架，分类整齐地摆放着客人需要的各种物品，并设有能够同时接听的两部以上的电话机，以保证相互之间的信息沟通顺畅。

2）利弊分析

该模式的优点：① 降低了劳动成本。在劳动力成本日益提高的今天，降低劳动成本极为重要。② 保证客房的安静和私密。为客人营造了一个自由、宽松的入住环境，同时使客房楼面经常保持安静，减少了对客人的过多干扰。③ 有利于对客服务工作集中统一调控，提高劳动效率。服务信息传递渠道通畅，人力、物力得到合理分配，有利于形成专业化的客房管理队伍。

其不足表现在：① 服务的及时性降低。楼层不设专职服务员，不提供面对面服务，使得服务的直接性和及时性有所降低。② 对硬件设施要求高。客房服务中心要求具有很强的运行能力，对其硬件设施提出了较高的要求，如电话系统、监控设备等。③ 无法及时发现安全隐患。对楼层的一些不安全因素无法及时发现和处理，一定程度上影响了住客的安全。

3. 前台直管模式

1）基本含义

目前城市饭店有一个重要的趋势，就是以往那种旧式的招待所、家庭旅馆、旅舍等小型社会宾馆逐渐向特色商务饭店方向发展。房间设施遵循经济型饭店的做法但更突出了商务需求。这类商务饭店由于客房数量少，往往采取的是前台直管模式，即将客房直接划归前台管理，不设楼层服务台，也不设置客房服务中心，而是在前台班组中设客房服务和清扫小组来对客房进行直接管理。

2）利弊分析

该模式的优点是节省了人力成本，将客房纳入前台管理系统中，保证了前台管理与客房管理的统一性，避免了重房等问题的发生。

但是其缺陷也比较明显，即在对客服务方面不能够做到面对面和及时性，同时也存在较大的安全隐患，住客在客房区域发生问题不能够及时发现等。

3.3.2　客房服务内容

1. 客人抵店时的客房服务

1）客人到达前的准备工作

准备工作是楼层客房优质服务的序幕，包括在客人到店前了解和掌握住客的信息，并按照要求整理、安排好房间，准备好相关物品及整理好仪容仪表准备迎接客人的到来。

2）客人到达时的迎接服务

迎接服务必须做到态度热情、语言亲切、服务主动、举止大方、礼貌周到，给宾客留下良好印象。主要工作内容包括电梯迎客、引客进房、茶水服务、介绍服务和值班记录等。

2. 客人住店时的客房服务

1）洗衣服务

客人在住店期间，可能会需要饭店提供洗衣服务，尤其是商务客人和因公长住的客人。洗衣服务分为干洗、湿洗、熨烫三种，时间上分普洗和快洗。普通洗衣服务一般为上午交洗，晚上送回；下午交洗，次日送回。快洗一般不超过 4 h，但要加收 50% 的加急费。洗衣服务是客房服务的延伸，饭店可采用自设洗衣房或委托服务的方式予以提供。

2）送餐服务

送餐服务指某些客人由于生活习惯或特殊需要，如早起、患病、会客等，要求在客房用餐的一种送餐到房的服务。送餐服务是高星级饭店客房服务特色与品质的体现，也是饭店重要的收入渠道。

3）小酒吧服务

方便客人在房间享用酒水、饮料，同时增加饭店的收入，客房内会按规定配备一定品种和数量的酒水饮料及果仁、朱古力等食品，供客人自行取用。

4）物品租借服务

客房内提供的物品只能满足客人的基本需要，客房部应在《服务指南》中表明饭店配备可供客人使用的其他物品，以示服务周到。

5）访客接待服务

楼层服务员对待访客应该一样热情礼貌，在得到住客的同意下，可引其进入客房。做好访客接待服务，不仅有助于提高客人的满意程度，还可以加强楼层的安全工作，防止不法分子混入饭店造成安全隐患。

6）擦鞋服务

客房内通常备有擦鞋纸、擦鞋巾，高档饭店还会备有擦鞋机。为了给客人更为周到的服务，一些饭店免费为客人提供人工擦鞋服务。客房内均配有鞋篮，客人只需将要擦的鞋放入其中，电话通知或晚间放在客房门口，有服务员取回工作间擦拭。

7）托婴服务

托婴服务是应住客要求帮助因事外出的住客照看婴幼儿童的一种有偿服务。长期住宿和度假型饭店都特别设有保育人员。对于大多数饭店而言，并不配备专职人员从事此项服务，而是向社会服务机构代雇临时保育员，或是由客房部女服务员利用业余时间照管。

8）私人管家服务

私人管家服务是一种贴身的、"一对一"的高度定制化的服务模式。客人入住后只需面对私人管家而无须再找其他人就可以享受各种服务，私人管家负责帮客人协调和解决从入住到离店的所有问题。

案例链接

客房服务员小张正在走廊上吸尘，402房的门打开了，陈先生从房间里走出来，对小张说："你给我拿一瓶热水来。"小张颇有些奇怪，饭店客房内已经配备了电热水壶，客人可以随时烧开水，只需要几分钟就可以，客人为什么要一瓶热水呢？难道是电热水壶坏了？但小张还是立刻微笑着对着客人说："陈先生，请您稍等，我马上给您拿来。"小张正准备去工作间拿热水瓶，402房的另一位客人出现在门口，对着小张和陈先生说："不用拿热水瓶了，我知道这电热水壶怎么用了，我们没开插座的开关。"陈先生顿时显得有些尴尬，不知道说什么好，小张仍然自然地对陈先生微笑着说："我们这电热水壶有时是太复杂了些，连我们有时为客人烧开水时，也会忘记打开插座开关。"陈先生听了小张的话后，感到释然了，对小张说："那么热水瓶不要了，谢谢你。"

思考：小张的做法有哪些值得学习的地方？

3. 客人离店时的客房服务

1）离店前准备工作

客房服务员要掌握客人的离店时间，检查委托代办事项，核对客人在楼层的消费账单。主动提醒客人收拾好行李物品，不要将物品遗忘在房间。

2）送别服务

客房服务员要协助行李员搬运客人行李，将客人送至电梯口，以敬语向客人道别，待电梯关门后方可离开。对老弱病残的客人，还需要专门转送。

3）善后服务

客人下楼后，服务员要迅速检查房态，如发现客人有遗留物品，要立即通知总台转交给客人，若发现设施设备有所损耗或丢失，也要立即通知总台收银员及时请客人付账或赔偿。

3.3.3　客房服务质量

1. 客房服务质量及构成

客房服务质量由以下三方面内容构成。

（1）客房设施设备用品的质量。主要包括客房家具、电器设备、卫生间设备、防火防盗设施、客房供应品等的质量。

（2）客房环境质量。主要包括客房设施设备的布局和装饰美化、客房的采光、照明、通风、温湿度的适宜程度等。

（3）劳务质量。劳务质量是指客房部一线服务人员对客人提供的服务本身的质量。包括服务态度、语言、礼貌礼节、方法、技能技巧、效率、安全与卫生等。

2. 提高客房服务质量的途径

（1）培养员工的服务意识。员工的服务意识是提高服务质量的基本保证。虽然员工可以根据饭店制定的服务程序和操作规范来保证服务质量，但是现实中有很多问题和事件都是随机的，只有增强员工的服务意识，才能提高员工处理问题的积极性和主动性。

（2）强化训练员工的服务技能。员工的服务技能和操作技能是提高客房服务质量和工作效率的重要保障。客房部可以通过强化训练、组织竞赛等多种手段来提高客房服务员的服务技能。

（3）为日常服务确立时间标准。服务效率是衡量服务质量的重要标准之一，饭店应该高效地满足客人的需求。尤其是日益增多的商务客人，他们对于时间的要求十分严格。因此，为了提高服务质量，客房部必须为各项日常服务确立时间标准，并以此作为对服务员进行监督和考核的标准。

（4）为客人提供个性化服务。为客人提供个性化服务，不仅是提高客房服务质量的重要途径，而且是未来饭店管理的发展趋势。规范化的服务是从客人共性的角度出发来制定的，但每一位顾客都有自己的个性与特点，必须为其提供相应的个性化服务，才能使客人对客房部的服务有更高的满意度。

（5）与饭店其他部门协调合作。客房服务的顺利开展与完成离不开其他部门的支持与配合，特别是前厅部、工程部、餐饮部、安保部等。客房部的对客服务工作必须得到上述部门的理解和支持，同样也必须理解和支持上述部门的工作，加强与这些部门的协调合作。

（6）重视与客人的沟通，征求其对服务质量的意见。客人是客房服务的直接和最终消费者，对于客房服务的缺点与不足最具有发言权。因此，饭店要重视与客人的沟通，征求其对服务质量的意见，以提升饭店的服务质量水平。主要可以采取设置表扬卡、拜访客人以及通过客房留言条等途径开展。

3.4　清洁卫生管理

清洁卫生是住店客人最敏感的问题。市场调查表明，客人选择饭店需要考虑各种因素，这些要素对不同类型、不同层次的客人来讲是不尽相同的或侧重点不同，但是对饭店尤其是客房的清洁卫生方面的要求甚高却是相同的。因此保障饭店的清洁卫生，是客房管理的重要任务。

3.4.1　客房清洁卫生管理

1. 客房清洁整理的准备工作

为了保证客房清洁卫生的质量，提高工作效率，饭店服务员必须做好客房清洁整理前的准备工作。主要包括以下三个方面的内容：按时上岗，整理好仪容仪表，到客房中心接受工作任务，并签领客房钥匙；在清扫前应了解核实客房状况，以此来确定房间清扫顺序和程度；准备工作车和清洁工具，使用前要检查各部件是否齐全，有无损坏等。

2. 客房清洁整理内容

（1）走客房和住客房的清洁整理。走客房和住客房的清洁整理程序可概括为八个字，进（敲门进入房间）、撤（撤走用过的客房用品）、铺（铺床）、抹（抹尘）、洗（清洗卫生间）、补（更换补充客房用品）、吸（吸尘）、检（检查清扫质量）。

（2）空房的清洁整理。空房是客人走后经过清扫后尚未出租的房间。主要是擦拭家具、设备，检查房间用品是否齐全。空房的整理虽然较为简单，但必须每天进行，以保持其良好的状态，随时能提供给新客人使用。

（3）小整理服务。在住客外出后，客房服务员对其房间进行简单的整理。目的是使客人回房后有一种清新舒适的感受，使客房经常处于干净整洁的状态。

（4）夜床服务。对住客房进行晚间就寝前的整理，又被称为"做夜床"或"晚间服务"。通常是从 17:00 之后或按客人要求开始，21:00 前结束，因为这时客人大多外出用餐和活动而不在房内，既可以避免打扰客人，又方便服务员工作。夜床服务的作用是让客人感到舒适，方便其休息，以及表达对客人的欢迎和礼遇规格。

案例链接

一天晚上，在广州的某间饭店，服务员在清理 8326 房间时，把所有的垃圾都收走了。晚上 22:02 分张先生回房间后反映，他花费了好长时间才收藏的一个可口可乐瓶子被服务员当垃圾收走了。张先生极度不满，向饭店有关部门进行了投诉。

思考：服务员在清理客房时需要注意些什么问题？

3. 客房计划卫生

客房计划卫生是指在搞好客房日常清洁工作的基础上，拟定一个周期性清洁计划，采取定期循环的方式，对卫生死角或容易忽视的部位及家具设备进行彻底的清扫和维护保养，以进一步保证客房的清洁保养质量，维持客房设施设备的良好状态。

（1）客房计划卫生的作用。客房计划卫生一方面是为了维持客房设施设备的良好状态，保证客房的正常运转；另一方面是避免造成人力资源浪费或时间的紧张。

（2）客房计划卫生的方式。一般分为三类：每日扫除一间客房，即除了日常的清扫整理外，规定每天对某一间客房进行彻底大扫除；规定每天对客房的某一部位或区域进行彻底的大扫除，如清扫通风口、排气扇等；季节性大扫除或年度大扫除，一般在饭店的淡季进行，不仅包括卫生清扫，还包括对设施设备的检查和维修保养。

4. 清洁卫生质量控制

1）强化员工的卫生意识

作好卫生管理，首先，要求服务员及管理人员有卫生意识，不仅要对卫生工作的重要性有足够的认识，加强考核并必须注意个人卫生。其次，要求客房员工对涉外星级饭店的卫生标准有足够的认识，不能以自己的日常卫生标准作为饭店的标准。

2）制订操作程序和卫生标准

清洁整理的服务规范操作程序和卫生标准是确保客房清洁卫生的基础，也是对客房服务员的工作进行考核、监督的依据。在制订程序与标准的时候，应该遵循与饭店档次、规格相适应以及既方便服务员也方便顾客的原则。

3）建立客房逐级检查制度

客房的逐级检查制度是指对客房的清洁卫生质量进行检查，实行服务员自查、领班全面检查和管理人员抽查的逐级检查制度。这是确保客房清洁质量的有效方法，主要包括以下内容。

（1）服务员自查。客房清扫程序中予以规定，服务员每整理完一间客房，应对客房的清洁卫生状况、物品的摆放和设备的完好情况等做自我检查。通过自查加强员工的工作责任心和服务质量意识，以提高客房的合格率。

（2）领班普查。楼层领班对所负责区域内的每间客房进行全面检查，是客房清洁卫生质量控制的关键。一般情况下，楼层领班应专职负责楼层客房的检查和协调工作，每天都要对其所负责的全部房间进行普查，在查房时如发现问题，要及时记录并加以解决。

（3）主管抽查。加强服务现场的督导和检查，是楼层主管的主要职责之一。主管主要检查领班实际完成的查房数和质量，抽查领班查过的房间，以观察其掌握检查标准和项目的宽严尺度是否得当。

（4）经理抽查。客房部经理应拿出一半以上的时间到楼面巡视和抽查客房的清洁卫生质量，应每天保持抽查一定数量的客房，特别是 VIP 客房。这对于掌握员工的工作状态，改进管理方法，修订操作标准，更多地了解客人意见，具有十分重要的意义。

（5）总经理抽查。饭店总经理为了控制客房的卫生和服务质量，要不定期、不定时，或亲自抽查，或委派大堂副理或值班经理代为抽查，以获得客房部管理水平和服务质量信息。

4）发挥客人的监督作用

客房卫生质量的好坏，最终取决于客人的满意程度，因此做好客房清洁卫生管理工作，要发挥客人的监督作用。饭店要重视客人的意见和反映，有针对性地改进工作，具体包括拜访客人、客房设置客人意见表和邀请第三方检查等方法。

案例链接

2018 年 11 月，微博网友"花总丢了金箍棒"发布的视频"杯子的秘密"成为网络关注的焦点。视频用隐藏拍摄的方式，曝光了众多高档饭店存在的卫生问题，类似使用客人用过的毛巾来擦台面、镜子以及漱口杯；更严重的，有饭店保洁人员，竟然用同一块抹布，来清洁淋浴房和客人用的水杯。此次被曝光的饭店，不乏大家心目中的"高档饭店"，有的甚至是高档饭店的行政客服。该曝光引起了社会强烈共鸣，凸显了饭店客房卫生问题的严重性。

3.4.2 公共卫生管理

1. 公共卫生管理特点

（1）工作范围广泛。饭店公共卫生管理涉及前厅、过道、走廊、餐厅、行政办公厅、外围环境等各处，范围十分广泛。因此必须做好统一规划、布置和安排，坚持统一行动，以保证公共卫生管理的质量标准。

（2）工作内容多样。饭店公共卫生包括地面的清扫保养、墙面天花板维护、门窗玻璃擦拭等，还有地面打蜡抛光、地毯去渍清洗等，这些清洁工作的内容不同，清洁方法、工作程序、质量标准和使用工具都不完全相同，因此就其工作内容也是多种多样的。

（3）卫生质量要求高。饭店公共卫生的质量必须做到环境美观、整洁舒适、质量超前，与饭店场所的性质相适应。与此同时，主动适应主要宾客与重大活动需要，即在做好日常卫生的基础上，凡是重要宾客到来都要提前做好夜间公共区卫生安排，使客人产生清新舒适、洁净美观的感觉。

（4）卫生保持不易控制。饭店公共卫生管理以公共区域为对象，这些地方大多交通密集、客流量大、人员负责分散，很容易造成刚整理好的卫生就被破坏的情况。因此饭店公共卫生必须坚持连续性、持续性，才能始终保持公共区域卫生的质量。

2. 公共卫生管理工作内容

（1）创造清洁优美的室内外环境。主要包括在饭店周围除停车场和必要设施以外的空地做好绿化工作，清扫庭院，减少尘土飞扬，及时清除垃圾、经常检查下水道等，保证其畅通无阻等；同时保持大堂、楼道、走廊等室内公共区域的干净整洁。

（2）保持合理的通风换气。饭店普遍使用集中式空调。能够较全面地满足人体的舒适和卫生要求。但是饭店要注意经常检查和维修空调系统，保持合理地通风换气，及时更换滤膜，防止细菌的滋生繁殖。

（3）治理公共区域噪声。饭店除了酒吧间之外，不得随意大声播放音响。酒吧营业时间产生的噪声，不得影响客房，空调系统的噪声也不得超过 40 dB。

3. 公共卫生清洁卫生的质量控制

（1）定岗划片，包干负责。公共卫生管理工作范围广、工作内容多样，需要实行定岗划片包干负责的办法，每个人明确自己的责任范围，做到无遗漏、不交叉，才能有利于管理和保证卫生质量。

（2）制订计划卫生制度。要像客房计划卫生一样，制订一份详细的切实可行的卫生计划并认真落实，以确保整个饭店的清新环境。

（3）加强巡视检查。公共区域管理人员要加强巡视，检查卫生质量，了解员工工作状态，及时发现问题并整改，填好检查记录。客房部经理也要对公共区域卫生进行定期或不定期的检查或抽查。

复习与思考

一、名词解释

标准间　楼层服务台管理模式　私人管家服务　客房计划卫生

二、填空题

1. _____服务是饭店的核心产品。

2. 按客房的位置分类，可以将客房分为_____、_____、_____。

3. 在客房室内空间处理上，通常可具体分为_____、_____、_____、_____、_____五个功能区域。

4. 客房服务质量是由_____、_____、_____三方面内容构成的。

5. _____、_____、_____、_____、_____、_____、_____等八个字可以概括走客房和住客房的清洁整理程序。

三、选择题

1. 饭店房费收入一般要占饭店全部营业收入的（　　　　）？

A. 20%～30%

B. 30%～40%

C. 40%～50%

D. 50%～60%

2. 饭店公共洗手间由客房部哪个机构负责打扫？（　　　）

A. 客房服务中心

B. 客房楼层服务组

C. 公共区域服务组

D. 洗衣房

3. queen size room 的客房里床的尺寸规格是多大？（　　　）

A. 1.2 m×2 m

B. 1.5 m×2 m

C. 1.8 m×2 m

D. 2 m×2 m

4. 一位客人要求饭店营造自由、宽松的入住环境，同时客房楼面要经常保持安静，不会受到过多干扰，那么以下哪种客房服务模式适合他？（　　　）

A. 楼层服务台管理模式

B. 客房服务中心管理模式

C. 前台直管模式

D. 其他模式

5. 宾客不在房间时，如有来访者，服务员不应（　　　）。

A. 让来访者等候

B. 让来访者在房间等候

C. 让来访者留言

D. 让来访者留下号码

四、简答题

1. 简述客房部的工作任务。

2. 客房部在饭店中具有怎样的地位？

3. 简析客房服务中心管理模式有哪些优缺点。

4. 提高客房服务质量的途径有哪些？

5. 客房清洁整理的质量控制有哪些措施？

五、案例分析

某天早上，某饭店二楼早班服务员检查团队退房时，发现 207 房间少了两条毛巾，等这个团队其余房间全部检查完后，也未发现有多出的毛巾。服务员通知领班，一同再次检查 207 房间，仍未发现有毛巾。服务员只能告诉前台。当前台人员将查房结果告知客人时，客人非常生气，说他们昨晚入住时就发现两条毛巾未配，并且已将情况告知了大堂副理。前台工作人员赶紧联系客房部，客房部又询问了当班服务员才得知，原来该服务员昨天早晨在清扫 207 房时，因当时干净毛巾缺少，未及时配入。下班前集中给二楼房间配放毛巾时，因该房客人刚进店，且房间有"请勿打扰"标志，所以当时未配入。后来又忘记将此事做书面交接，从而导致今早查房的误报。结果因为这个事件，整个团队的出发时间都被拖延了，团队客人非常不满。

思考：请分析导致此次查房误报的问题存在于哪些环节？这个案例有什么启示？

第4章

餐饮服务与管理

▶ **知识结构导览图**

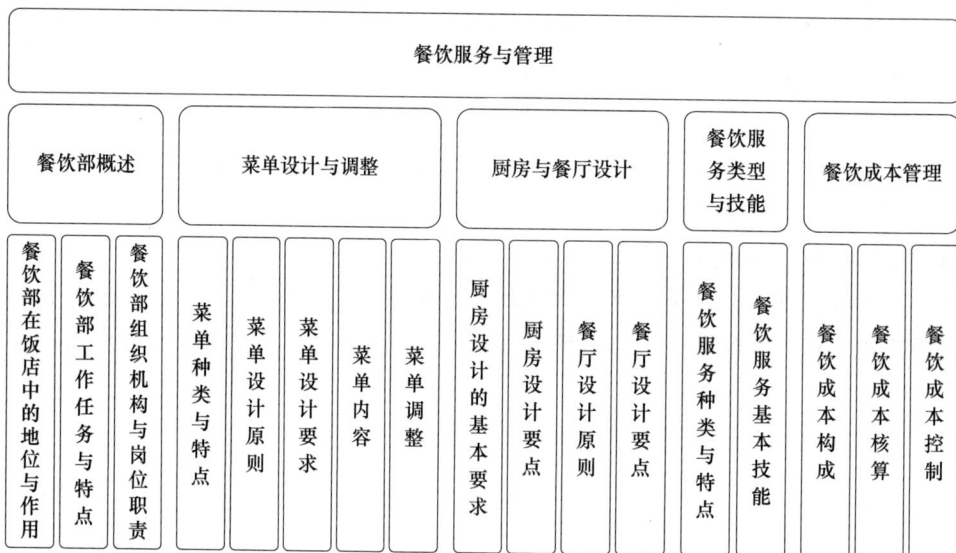

餐饮服务与管理				
餐饮部概述	菜单设计与调整	厨房与餐厅设计	餐饮服务类型与技能	餐饮成本管理

餐饮部在饭店中的地位与作用	餐饮部工作任务与特点	餐饮部组织机构与岗位职责	菜单种类与特点	菜单设计原则	菜单设计要求	菜单内容	菜单调整	厨房设计的基本要求	厨房设计要点	餐厅设计原则	餐厅设计要点	餐饮服务种类与特点	餐饮服务基本技能	餐饮成本构成	餐饮成本核算	餐饮成本控制

▶ **学习任务与要求**

1. 了解餐饮部的工作地位，理解餐饮部的工作特点及任务；
2. 了解菜单的种类与特点，理解菜单设计原则与要求，掌握菜单调整的方法；
3. 理解厨房与餐厅设计的原则及要点；
4. 了解餐饮服务基本技能，理解餐饮服务的种类与特点；
5. 理解餐饮成本构成，掌握餐饮成本核算和成本控制的方法。

引入案例

杨记兴臭鳜鱼的"菜单瘦身"记

徽乡谣，杨记兴的前身，是杨金祥和朋友在 2010 年在北京开的一家做徽菜的餐厅，当时的菜单里有 200 多道菜。然而，200 多道菜也没有让店的生意好起来，做了两年，越来越做不下去，想把店转让出去，却转不出去。到了 2011 年 8 月，杨金祥在和朋友一起去沈阳的路上，朋友说到沈阳一定要带他去吃一种烤虾，就是这次聊天，给了杨金祥启发和灵感："我能不能也做一个单品，让大家都冲着这个单品来吃？"

当时"徽乡谣"的品牌做得不够理想，也明显感觉到 200 多道菜的沉重负担，采购、保管、加工、出品、沽清等各种不利现象频发。就是从打造一个单品的简单想法开始，杨金祥开始了品牌的调整和重新定位。他仔细考虑，当时 200 多道菜中，觉得只有"臭鳜鱼"能担起重担。

聚焦臭鳜鱼后，餐厅名字改成了"杨记兴臭鳜鱼"，杨金祥也从此开始了浓缩菜单、不断减菜的历程。第一次从 200 多道减到 128 道，第二次减到 78 道，第三次减到 58 道，最终确定到现在的 38 道。如果刚开始给菜单瘦身是自己误打误撞想出来的，那之后的菜单改革，是主动学习以后，并结合专家意见，更有计划系统地做出来的。根据店里的定位，杨金祥删减菜品的标准是：① 不易采购、运输、存储的不要；② 技术难度大、标准不好把控的不要；③ 季节明显的不要；④ 除了臭鳜鱼，其他所有的鱼类菜肴不要；⑤ 跟招牌、特色、必点菜有冲突或类似的不要。

每一次调整菜单，不仅是菜品数量的减少，也是菜品结构的优化，它涉及餐厅方方面面的变化，给餐厅带来显而易见的效果，杨金祥说他实实在在地感觉到其中的好处。

比如以前 200 多道菜，采购原材料是一件很庞杂的事情，比较难管理。但菜品减少以后，单品的采购量就提升了，采购数量提升以后，餐厅和供应商议价能力就提高了，可以比以前低的价格采购原材料，成本降低了，餐厅对整个产品供应链更有把握了。

比如说菜品少了，厨房的原材料保管便捷了，浪费减少，餐厅的毛利从 50% 提升到 67%，纯利达到 20%。

比如后厨，以前后厨要应付 200 多道菜，现在几十道菜，厨房分成六个档口，一号档口的几位厨师每天就只做臭鳜鱼，当一个厨师每天只做一道菜的时候，他一定比一天做几十道菜做得更好，会越做越精，这样菜品的质量不仅有保证，还会不断地提升。

"以前臭鳜鱼只是餐厅的亮点，一天可能就卖个六七条，也不敢卖贵了"，而聚焦臭鳜鱼以后，每天能卖到 100 多条，采购成本降低的同时，销量却上去了，营收自然就上升了。现在，臭鳜鱼这道菜占了店里销售额的 35%。

这种瘦身式的菜单改革所代表的是餐饮界目前诸多品牌聚焦菜品的减法潮流。对此，杨金祥给希望着手菜单改革的餐饮经营者三条最宝贵的关于菜单改革的建议：① 一定要挖掘一道自己所掌握的有差异化的"核心单品"，有了这道桌桌必点的爆款，才可以围绕这款单品优化减少菜单；② 菜品很少，所以必须严格把控原材料和出品的质量，只有道道都好吃，才不会让食客觉得没菜可点；③ 需要合理搭配菜肴品种，优化结构，比如荤菜、素菜、汤羹、锅仔、凉菜、炸菜等分布科学，消费者即使"盲点"也不会让他失望。

（资料来源：http://www.sohu.com/a/74468746_103830）

思考：菜单设计与调整对于餐厅经营具有哪些方面的意义？

4.1 餐饮部概述

餐饮服务是饭店满足顾客基本需求不可缺少的经营项目，它不仅要满足客人对餐饮的需求，还要为饭店创造较好的经济效益，对树立良好的饭店形象也具有重要意义。随着现代饭店餐饮规模不断扩大，专业化程度越来越高，对餐饮部的服务和管理也提出了更高的要求。

4.1.1 餐饮部在饭店中的地位与作用

经济的迅速发展，人们生活水平的提高，给餐饮业的繁荣和发展提供了条件，餐饮部在饭店中的地位也显著提高。餐饮部在饭店中的地位与作用体现在以下几个方面。

（1）满足顾客的饮食需求。餐饮部主要为顾客提供餐食、酒水服务，可以满足顾客住店期间的饮食需求。一般饭店都会提供早餐服务。在此基础上，规模更大、业务更多的饭店还会提供午餐、晚餐、下午茶等服务项目，餐饮内容涉及中餐、西餐、风味餐、咖啡与酒水等，餐饮方式包括零点餐、自助餐、宴会等，服务方式包括餐厅服务、客房送餐服务等，服务对象既包括住店客人，也包括社会客人。

（2）餐饮收入是饭店收入的重要来源。在我国，餐饮部的营业收入一般约占饭店总营业收入的三分之一；在一些发达地区，餐饮收入甚至可以超过客房收入，占到总收入的二分之一以上。餐饮部的收入是一个变量，可以通过提高工作效率、服务质量、菜肴品类等措施来提高餐座的周转率和人均消费水平，以增加餐饮部的营业收入。

（3）餐饮服务直接影响饭店形象与声誉。餐饮服务既包括有形的菜品，也包括员工无形的服务，并直接对顾客产生影响，顾客可以根据餐饮部为其提供的产品质量与分量、服务态度与方式来判断一个饭店服务质量的优劣，直接关系到饭店的声誉和形象。

（4）餐饮服务是饭店营销的重要组成部分。餐饮服务与饭店其他营业部门相比，餐饮服务更具有灵活性、多变性和可塑性。一般而言，同星级饭店的客房服务标准相对比较接近，而餐饮服务则常被客人作为挑选饭店的重要因素。因此，在日趋激烈的市场竞争中，餐饮部一直充当着饭店营销的先锋。

4.1.2　餐饮部工作任务与特点

1. 餐饮部工作任务

（1）营造舒适的就餐环境。餐饮服务的设施和环境，不仅要满足顾客的生理需求，还要满足其精神需求。一个舒适、怡悦就餐的环境，可以给顾客留下一个良好的第一印象，以便之后各项服务的开展。

（2）提供优质的餐饮服务。优质的餐饮服务一方面包括向顾客提供以菜点等为主要代表的有形产品，菜点酒水品种的供应应当符合市场目标和需求；另一方面还包括服务人员对顾客直接提供的无形服务，如良好的服务态度、丰富的服务知识、娴熟的服务技能等。

（3）实施有效的餐饮管理。加强对饭店的餐饮管理，控制经营成本，做好厨房的卫生及安全管理，提高餐饮服务的质量，形成独特的餐饮特色，增强饭店的市场份额和竞争能力。

（4）取得良好的三重效益。三重效益分别是指经济效益、环境效益和社会效益。经济效益是指餐饮服务要为饭店创造利润并带动其他服务的增长；环境效益是指饭店要有可持续发展的能力，在经营过程中要兼顾绿色环保的基本原则，为顾客提供高品质餐饮服务的同时，不对周边环境产生干扰性、破坏性影响；社会效益要求餐饮服务为饭店树立良好的形象，并与饭店其他部门一起主动承担企业社会责任。

2. 餐饮部工作特点

（1）餐饮生产的特点。餐饮产品的生产、销售与客人的消费几乎是同步进行的，基本上是顾客进入餐厅后，现点、现做、现消费，所耗费的时间相当的短暂，对厨师的经验与技术以及服务人员的对客服务能力是一个很大的考验。顾客到来的时间、消费的数量与要求很难准确预估，因而餐饮产品的产品随机性强，产品规格多，也难以有统一的标准。同时，餐饮原料、产品具有很强的时间性和季节性，处理不当极易腐烂变质。餐饮生产整个过程中的业务环节很多，任何一个环节出现差错都会影响产品质量，给管理带来不小的困难。

（2）餐饮销售的特点。餐饮销售量受餐饮经营空间大小和就餐时间的限制。因此，如何在有限的空间和固定的营业时段加强销售工作提高销售总额是餐饮部的重要工作任务。此外，从餐饮销售成本上看，各种餐厨设备、储存设备的投资，使得餐饮经营活动中固定成本占有一定比重，而餐饮原材料等变动成本的支出也较高，此外还涉及人力资源费用、能源费用等，因此如何控制成本，提供餐饮部收益也是餐饮管理的重要环节。

（3）餐饮服务的特点。餐饮服务是指餐饮部员工为来店就餐顾客提供餐饮产品等一系列活动的全过程，可以分为直接对客的前台服务，包括餐厅、宴会厅、酒吧等营业场所，以及间接对客的后台服务，包括厨房、采购与存储部门、管事部等。美味佳肴只有配以恰到好处的服务，才会受到顾客的欢迎。总体来讲，餐饮服务具有无形性（服务是由一系列活动所组成的过程，顾客无法触摸，只能凭生理和心理满足程度来综合感觉、评价其质量的优劣）、同步性（餐饮产品生产与消费过程几乎同步）、一次性（只能当次使用，当场享用）、差异性（服务质量很大程度受到环境、服务人员的影响）等特点。

4.1.3 餐饮部组织机构与岗位职责

餐饮部的组织机构主要由餐厅、厨房、宴会部、管事部、采购部等部门构成。餐厅为顾客提供菜品和直接对客服务，以及餐饮产品的推销工作；厨房要根据顾客的需求，生产卫生可口的餐饮产品，并不断创新菜品及控制生产成本；宴会部主要负责各种宴会的预订、销售，以及策划组织各类宴会活动等；管事部主要负责后勤保障，包括餐具洗涤、垃圾清理、餐饮服务用品的保管与请领等；采购部是餐饮部的物资供应部门，需要根据餐饮部生产需要保质保量地为餐饮部采购所需物品并验收入库。

受饭店类型与规模、接待能力、餐厅类型等因素的影响，餐饮部组织机构主要有三种模式。

（1）小型饭店餐饮部组织机构（见图4-1）。

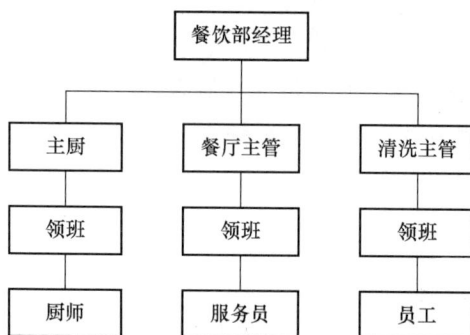

图 4-1　小型饭店餐饮部组织机构

（2）中型饭店餐饮部组织机构（见图4-2）。

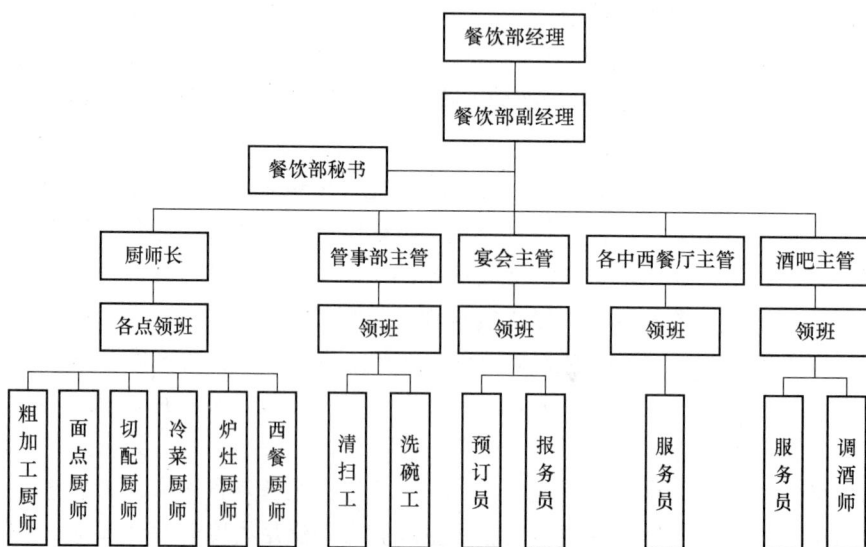

图 4-2　中型饭店餐饮部组织机构

（3）大型饭店餐饮部组织机构（见图 4-3）。

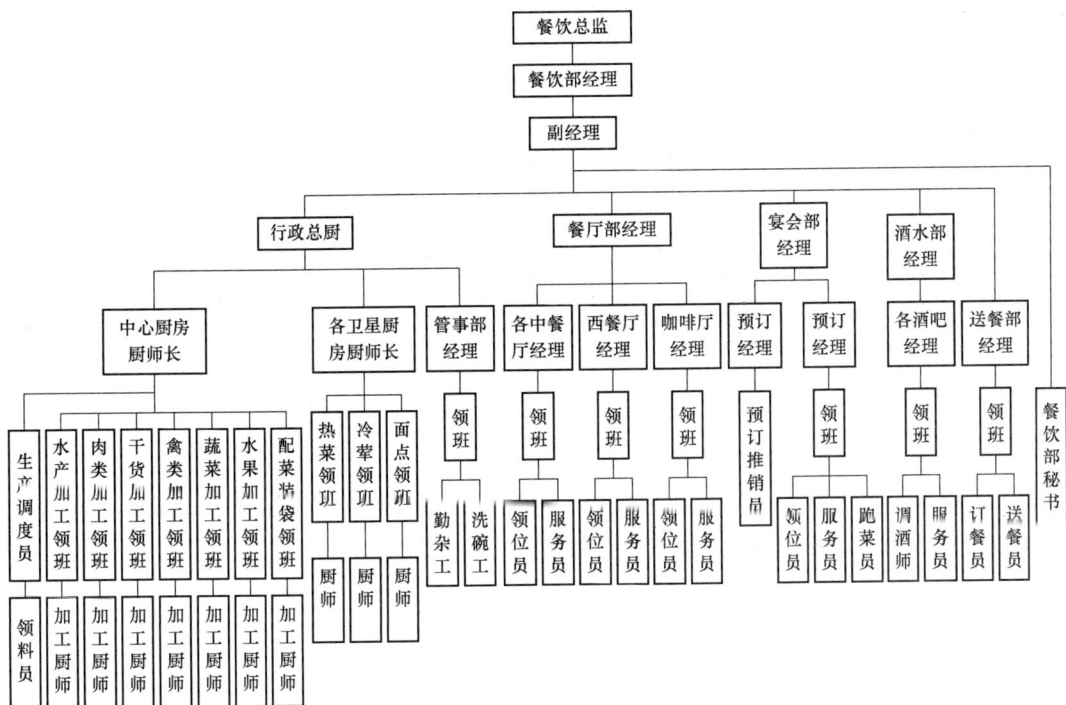

图 4-3 大型饭店餐饮部组织机构

4.2 菜单设计与调整

菜单是餐饮部为顾客提供菜肴的说明书，是与顾客沟通的媒介，是餐饮产品的无声推销员。在现代的餐饮营销中，所有的餐饮经营管理活动都是以菜单的筹划为中心。一份有营销力的菜单应反映饭店餐饮部的经营特色，衬托餐厅的氛围，为饭店带来经营利润，同时也可以作为一种艺术品，为顾客留下美好的印象。

4.2.1 菜单种类与特点

根据顾客购买方式的不同，可以将菜单分为以下类别。

1. 零点菜单

零点菜单（a la carte menu）是餐饮经营的基本菜单，其特点是根据菜肴的品种，单个定价，菜单上的产品排列以人们进餐的习惯和顺序为基础，顾客可以根据自己的需要，以单个菜肴点菜，组成自己完整的一餐。

2. 套餐菜单

饭店根据一般顾客的需求，将不同的菜肴合理地搭配在一起，设计成套餐菜单（table d'hote menu）。套餐菜单上的菜肴品种、数量与价格完全固定，顾客只能购买固定的一套菜肴。其特点是节省顾客的点菜时间，且比零点菜单更实惠。但是，套餐菜单的选择过于有限，为了增加菜肴的选择性，一些餐厅会对套餐菜单进行改进，推出部分选择式菜单（partially selective menu）。所谓部分选择式菜单是指在套餐菜单的基础上，增加每道菜式的可选项，顾客可以在固定的价格内，自由选择沙拉、主菜、甜品等的品种。这种菜单集中了零点菜单和套餐菜单的共同优点，很受欧美顾客的欢迎。

3. 宴会菜单

宴会菜单（banquet menu）是饭店推销餐饮产品的一种技术性菜单，体现饭店的经营特色，同时也常根据宴请对象、宴请需求、宴请标准或宴请者的意见随时制定。目前宴会的发展日趋主题化，因此宴会菜单基本上是主题宴会菜单。

4. 固定菜单

所谓固定菜单（static menu），顾名思义，就是不经常变动的菜单。这种菜单上的菜肴都是餐厅的代表菜肴，因为长期受到顾客的欢迎，所以不会经常发生变动。当然，这里的"固定"是相对的，根据市场需求，菜单也可能适时进行调整。许多传统中餐厅、西餐的扒房和咖啡厅都会有自己的固定菜单。

5. 每日特菜菜单

每日特菜菜单（daily special menu）是为了弥补固定菜单上菜肴品种的单调问题而设计的，通常是在一张纸上设计几个有特色的菜肴。它的特点是强调菜单使用的时间，只限某一日使用，常带有季节性、民族性和地区性等特点，可以使顾客增加品尝时令菜肴、新品菜肴、特色菜肴的机会。

6. 周期循环式菜单

周期循环式菜单（cyclical menu）是指根据一定的时间周期设计出来的一套完整的菜单，这些菜单按照一定的时间循环使用，过了一个完整的周期又开始新的周期，如一周循环或一月循环等。周期循环式菜单可以满足顾客对特色菜肴的需求，使得餐厅天天有新菜，但是对每日剩余的食品原料处理会带来一些困难。

7. 其他菜单

由于市场逐渐趋于多元化、专业化，为了紧跟市场需求，饭店还会经常筹划节日菜单、儿童菜单等。

知识链接

菜单的起源

自古以来，人类不断追求美食，围绕着美食也流传着不少的故事，关于菜单的起源有多种不同的说法。

法国人认为菜单源自 1498 年的蒙福特（Hugo de Montford）公爵。他在每次宴会中，总会用一张羊皮纸写着厨师所要提供的菜品，以便明白当天要吃些什么。

英国人则认为菜单始自 1541 年的布朗斯威克（Brunswick）公爵，当时厨师都有一份用来记录烹饪菜肴的备忘录。某一天公爵在家宴请朋友时，忽然产生了一种念头，要求厨师将当天准备的菜名抄在一张小纸条上，使他能预先知道将要上桌什么菜，以保留胃口来吃最喜爱的菜。这种做法受到大家的欢迎，于是竞相学习而流传至今，成为菜单的渊源。

4.2.2 菜单设计原则

菜单设计是一项既复杂又细致的工作，对餐饮产品的推销起关键作用。因此，饭店餐饮部管理人员需要根据市场需求集思广益，了解饭店餐饮设施、职工的知识能力和技术水平，开发和设计受顾客欢迎的餐饮产品，并且为饭店获得理想利润。因此菜单设计要遵循以下原则：① 以顾客的需求为中心，且要符合饭店的实际情况；② 反映饭店的经营特色，树立饭店的形象；③ 创造自身的竞争优势，保证企业的利润目标。

4.2.3 菜单设计要求

1. 菜肴设计要求

菜肴设计要做到原料选用的多样性、烹调方法的多种性、调和滋味的多味性、菜肴色彩的协调性、菜肴形状的不同性、菜肴质感的差异性、菜肴品种的比例性和菜肴组合的科学性。

2. 有形菜单设计要求

菜单的外观设计直接决定菜单形象，影响客人的感受，必须整齐、色彩丰富、洁净无瑕、引人入胜。菜单的形状、大小、风格、页数、字体、色彩、图案及封底与封面的构思与设计，都需要经过深思熟虑，要避免千篇一律、规格不当、文字不清、随意涂改、长期不变等问题。

4.2.4 菜单内容

菜单内容主要分为三个方面：菜品的品名和价格，要标明真实的中外文菜品名、菜品的质量、合理的价格，以及保证菜单上列出的产品能得到有效供应；菜品的情况介绍，包括主要配料及一些独特的浇汁和调料，菜品的烹调和服务方法以及份额等；餐厅的告示性信息，如餐厅的名字、特色风味、地址、电话、经营时间、其他收费情况等。

4.2.5 菜单调整

菜单调整是指饭店定期对菜单中的菜肴销售情况进行分析与评估，然后对菜单中的菜品进行调整的过程。

菜肴销售分析主要是从菜肴的销售总量（份数）和销售总额两个角度分别衡量菜肴的受欢迎程度和营业收入水平。具体方法是：根据菜品种类，统计一定时期内每一类菜品中各菜肴的销售总量及销售总额，在此基础上计算各菜肴的顾客满意指数和销售额指数。其中，顾客满意指数是通过各菜肴销售总量与所属菜品种类的平均销售量的比较，来反映其受顾客欢迎的程度，具体计算为

$$顾客满意指数 = \frac{某菜肴的销售总量}{所属菜品种类的平均销售量}$$

销售额指数则是通过各菜肴销售总额与所属菜品种类的平均销售额的比较来反映其营业收入水平，具体计算为

$$销售额指数 = \frac{某菜肴的销售总额}{所属菜品种类的平均销售额}$$

根据计算结果，顾客满意指数大于 1 的说明顾客对该菜肴满意程度高；反之则低。销售额指数大于 1 的说明该菜肴可带来较高的营业收入，反之则低。餐厅可以利用上述方法每月或每周总结一次，经过数月或数周的连续观察，最终便可以决定相关菜肴在菜单上是继续保留或者删除替换。

菜肴销售分析例题详见表 4-1。

表 4-1 菜肴销售分析

菜肴名称	销售总量/份	顾客满意指数	菜肴价格/元	销售总额/元	销售额指数	分析
西红柿蛋汤	60	1.50	25	1 500	1.25	顾客满意度高，营业收入高，保留
西湖牛肉羹	27	0.68	45	1 215	1.01	顾客满意度低，营业收入高，保留或调整
乌鱼蛋汤	48	1.20	35	1 680	1.40	顾客满意度高，营业收入高，保留
酸辣汤	41	1.03	25	1 025	0.85	顾客满意度高，营业收入低，保留或调整

菜肴名称	销售总量/份	顾客满意指数	菜肴价格/元	销售总额/元	销售额指数	分析
青菜钵	24	0.60	25	600	0.50	顾客满意度低，营业收入低，删除
总计	200	—	—	6 020	—	—
平均值	40			1 204		

4.3　厨房与餐厅设计

厨房是进行菜肴生产或加工的场所，其工作环境质量与餐饮产品质量和生产效率密切相关。餐厅是饭店销售菜肴和酒水的场所，餐厅必须拥有接待空间和服务设施，以便向顾客提供相应的服务。因此，厨房和餐厅的设计与布局，是餐饮管理的重要内容。

4.3.1　厨房设计的基本要求

厨房具有工种繁多、人员密集、设备多样、工作紧张、安全隐患多等特点，要求通过合理的空间设计，为厨房工作人员提供舒适、高效的工作环境。具体而言，饭店厨房设计应达到以下方面的基本要求。

（1）明亮。厨房内有足够的光源可以让厨师能够看清楚，并能正确准备和烹制菜肴。

（2）通风。厨房内要有排烟设备和足够的补给新鲜空气的门窗和设备，以便厨房环境不至于因为油烟或负压原因，影响厨师的心情和工作。

（3）干燥防潮。水路的设计要上下水都通畅。厨房内保持干燥可以利于食物的短暂存储和减少电源设备的短路及线路腐蚀老化、脱漆等故障，利于厨房用具和设备寿命的延长。

（4）安全。厨房应保障工作人员的人身安全和所供应食品的安全。要求设计配置的厨房设施设备必须是合格产品，操作安全，以防员工受伤或其他事故；厨房空间区域划分要实现生熟分开、冷热分开等，防止交叉污染，降低食物腐败变质风险。

（5）卫生。厨房设施设备的设计和配备，均应符合易于清洁的基本原则，不留卫生死角。同时，还要充分考虑如何避免老鼠、蟑螂等害虫对厨房设备、用具和食品的污染。

4.3.2　厨房设计要点

1. 厨房选址

由于厨房的生产特点和生产需要，因此厨房应选择地基平、位置偏高的地方，这对进入厨房货物的装卸及污水排放都有益处。同时应靠近交通干线和储藏室，以便运输和减少食品污染。为了合理地节省成本，厨房也应接近自来水、排水、供电和煤气等管道设施。

此外，厨房应尽量靠近餐厅，以保证餐具和菜肴的及时供应，并保证菜肴质量。菜肴质量与菜的服务温度有关，热菜应在 80 ℃以上，冷菜约在 10 ℃时，其味道和质地最理想。

2. 厨房面积与空间规划

厨房面积规划受到餐厅类型、厨房功能、用餐人数和厨房设备等影响，是厨房设计中较为困难的环节。通常，菜单品种越丰富，菜肴加工越精细，厨房所需的设备越多，厨房需要的面积就越大；反之，菜单简单，菜肴制作简易，厨房需要的面积就越小。

在有限的空间内，如何提供空间利用效率也是关键。厨房菜肴生产要经过领料、清洗 / 泡发、切配、烹饪等多个生产程序的流水线作业才能完成，同时又分热菜、冷菜、面点等部门，因此，每个工作区都应按照生产程序合理地进行规划，保证生产畅通和连续。

3. 厨房高度

厨房需要安装各种管道、抽排油烟罩等，所以对于空间高度有一定的要求。根据厨房生产的经验，厨房毛坯房的高度一般为 3.8～4.3 m，吊顶后厨房的净高度以 3.2～3.8 m 为宜，这样可以避免空间压抑，同时保持更好的空气流通。

4. 厨房地面、墙壁和天花板

厨房具有油烟大、潮湿、易脏、高温等特点，所以厨房在装修过程中，选用防滑、耐脏、易清洗、耐高温的材料至关重要。厨房的地面一般选用耐磨、耐高温、耐腐蚀、不积水、不掉色、易于清扫的防滑地砖，颜色不能有强烈的对比色花纹。墙壁和天花板力求平整，没有裂缝和凹凸，应选用耐潮、不吸油和水，便于清洁的材料。常见的墙壁材料包括白色瓷砖、不锈钢板等；常见的天花板材料包括铝塑板、铝扣板等。

5. 厨房通风、照明和温度

随着科学技术的发展和厨房工作条件的改善，厨房除自然通风外，还应安装排风和空气调节设备，如排风罩、换气扇、空调器等，以保证生产时能及时排除被污染的空气，保持厨房空气清洁。

照明是厨房规划的重要内容，良好的厨房光线是菜肴质量的基础，还可避免和减少厨房工伤事故。厨房照明应达到 150 lx 以上，在主要操作台、烹调作业区照明要更强。

绝大多数的厨房内温度太高，使得员工不仅工作情绪受到影响，工作效率也变得低下。一般而言，厨房温度以 17～20 ℃为宜，可以通过安装空调系统、排风扇系统或隔热处理等方式降低厨房内的温度。

6. 厨房降噪

噪声一般指超过 80 dB 的强声。噪声会分散厨师、服务人员的注意力，使其工作出现差错。因此，厨房规划中应采取措施消除或控制生产中的噪声，如选用优质和低噪声的设备，安装消音装置，隔开噪声区，留足空间等方法。

7. 厨房排水

厨房排水系统要满足生产中最大排水量的需要，并做到排放及时、不滞留。通常，厨房地面会设计明水沟以利于及时排水，明水沟的设计应以深一点为宜，同时加盖铁丝网以防物品掉落水沟。此外，废水中含有较高浓度的动植物油以及大量固体悬浮物，通常需要建隔油池，将废水中的油脂和杂质过滤后再排到市政污水管道系统。

4.3.3　餐厅设计原则

餐厅设计应与饭店的等级和种类相协调，与其整体风格相统一。在此基础上，要兼顾以下基本原则。

1. 效益与效率

餐厅设计首先由面积决定。因此，必须在有限的空间范围内尽可能增加餐厅的顾客容纳能力，提高空间利用率，从而保障餐厅能够获取最大的经济效益。与此同时，还应留足服务空间，并设计合理的顾客动线和服务动线，以保证顾客、员工和产品能够畅通流动，设备能够正常运转，高效完成餐厅服务项目。

2. 整体与私密

餐厅的总体布局是通过交通空间、使用空间、工作空间等要素的完美组织所共同创造的一个整体，顾客在餐厅中共享空间，并体验相同的风格和氛围。但是过于集中的空间，也可能因为相互间的干扰而影响顾客的就餐体验。因此，餐厅应进行适当的空间分隔，使顾客既能感受整个餐厅的氛围，又能享有一定的隐私空间。

3. 实用与艺术

餐厅的设计应以顾客满意为中心，一方面要考虑顾客就餐的舒适性、便利性和安全性需求；另一方面，还要追求更高的审美和艺术价值，营造格调高雅、品位独特、文化和艺术气息浓郁的餐厅氛围。

4.3.4 餐厅设计要点

1. 坐席配置与区域划分

餐厅坐席的配置一般包括单人座、双人座、四人座、六人座、十人座、十二人座等，以满足各类顾客的不同需求。餐桌摆放的形式有多种。一般来说，中、低档的餐厅多选用长桌和较大的圆桌，容易紧凑地摆放，而小方桌则用于补充边角；高档餐厅多选用中方桌和中、小圆桌，这样的餐桌能摆放得宽敞，能使顾客感到舒适，可使餐厅的格局更具情调。

所有餐馆应当把自己的餐厅划分成若干个部分，这就是区域。每个区域一般有12～24个座位，这取决于桌子的大小和其他因素。通过这种方法，服务人员可以只负责餐厅一个部分的服务工作，而不是整个餐厅的服务。

2. 流动通道

流动通道是指顾客和服务员在餐厅流动的通道，顾客流动通道应以门口到座位之间畅通为前提，采用直线型，避免迂回绕道。服务员流动通道越短越好，否则会影响服务效率。餐厅流动通道不要太集中，尽可能去掉不必要的曲折。

3. 色调与照明

良好的色调应用和照明效果能产生完美的室内空间气氛，从而增进顾客的舒适感和愉悦感。餐厅色调设计必须考虑色调与顾客食欲的关系。一般来说，暖色调容易引起食欲，冷色调则会使食欲减退。在实践中，宴会厅一般以红、黄为主色调，辅以其他色彩，营造温暖热情、欢乐喜庆的环境气氛，迎合进餐者热烈兴奋的心理要求；西餐厅通常采用咖啡色、褐色、赭红色等，以营造古朴稳重、宁静安逸的气氛；其他餐厅还可以采用乳白色、浅褐色等，使环境敞亮明快，富有现代气息。总体而言，餐厅色调的选用应综合考虑：餐厅的目标市场、餐厅的主题、餐厅所要营造的氛围、餐厅的位置等。此外，餐厅照明也应与餐厅室内环境的装饰风格相协调、以创造完美和谐的进餐环境。

4. 空气调节系统布置

顾客都希望能在一个舒适的环境内就餐，因此室内的空气调节与温度、湿度对餐厅的经营有密切的关系。一般而言，餐厅根据不同季节环境所选用的温度与湿度如表4-2所示。

表4–2　不同季节餐厅的温度及湿度要求

季节	温度	湿度
春夏	24～26 ℃	55%～65%
秋冬	20～24 ℃	40%～50%

5. 音响设施

餐厅根据营业需要，在整体规划设计时就应考虑到音响设施的配置，既包括背景音乐设备，也包括为乐手或乐队配置的音响设施。高级餐厅和大众餐厅都需要播放轻松愉快的乐曲或聘请乐队演奏以增加餐厅气氛。此外，研究表明，餐厅中的音乐风格也会影响顾客的就餐时间，明快的音乐会使顾客加快进餐速度；相反，节奏缓慢而柔和的音乐给客人一种放松、舒适的感觉，从而延长客人的就餐时间。

6. 非营业性的辅助设施

餐厅中常设有一些非营业性的辅助设施，这些设施虽然不能创造收益，但可以给客人带来便利。包括接待室（当餐厅客满时，顾客不必站立等候）、衣帽间（设在靠近餐厅进口处）、洗手间（顾客作为评估餐厅管理水平的标志）、收银台等。

4.4　餐饮服务类型与技能

餐饮服务是餐厅服务人员帮助顾客用餐的一系列活动，是餐饮部的无形产品，也是餐饮营销方法和营销策略。通常饭店为了达到理想的餐饮营销效果，设计和开发了不同的餐饮服务方法。餐饮销售控制是从控制角度保证餐饮产品最终变化为餐饮商品的过程，这一过程的圆满实现需要餐饮管理人员建立一个完整的餐饮销售控制体系。

4.4.1　餐饮服务种类与特点

1. 中式餐饮服务

（1）共餐式服务。共餐式服务是最常见的方式，比较适用于 2～6 人的中餐零点服务。一般是顾客到餐厅点菜后，厨师迅速生产菜肴，由餐厅服务员递送到顾客的餐桌上，顾客自由取用。如今已在此基础上做了改进，就餐客人可用公筷、公勺等盛取喜爱的菜肴。

（2）转盘式服务。转盘式服务是在一个大的圆桌面上，安放一个直径为 90 cm 左右的转盘，将菜肴等放置在转盘上供就餐者获取的就餐服务形式。适用于大圆台的多人用餐服务，既可用于旅游团队、会议团体用餐，也适用于中餐的宴会服务。

（3）分餐式服务。分餐式服务是借鉴了西式服务的特点，中餐西吃。主要适用于官方的、较正式的、高档的宴会服务。这种方式又可以分为：① 边桌式服务，即在宴会餐桌旁设一个固定的或可流动服务边桌，在边桌上放一些干净骨盘和其他餐具，进行宴会的分菜服务；② 派菜式服务，服务员给客人换上干净的骨盘并将菜肴送上餐桌，左手托盘，右手拿服务匙、服务叉分菜。分派的次序依照主宾、主人，按顺时针方向绕桌进行。

2. 西式餐饮服务

（1）美式服务。美式服务是比较简单和快捷的餐饮服务方式，顾客所点菜肴在厨房既装配于餐盘中，服务员用托盘将菜肴运送至餐厅服务桌，它要求服务员必须具有同时端送四个菜肴盘的技巧，一个服务员可以为多个顾客服务。美式服务中，餐具和人工成本都比较低，空间利用率和餐位周转率高，广泛运用于咖啡厅和一般西餐厅。

（2）俄式服务。俄式服务是非常讲究豪华场面的西式服务，使用金银器餐具较多，菜肴丰富、分量足。在西式宴会中，一般先将食物放于大盘内，由服务员分配给顾客，对服务员的分菜技巧要求很高。目前，一些俄式服务程序经过调整后，常用于中餐宴会。

（3）法式服务。法式服务是餐饮服务中最周到的方式，多用于传统西餐厅或扒房。菜肴先在厨房略加烹制，然后置于手推车上，由服务员在顾客桌边现场烹调或加热，即客前烹制服务，另一名助理服务员则在旁边协助分送菜肴。

（4）英式服务。英式服务是一种气氛活跃、温馨的家庭式服务方式。服务员从厨房将烹制好的菜肴传送到餐厅，由顾客中的主人亲自手切肉，装盘和配菜，再由服务员依次将菜肴送给每一位顾客，是亲朋好友聚会的一种最佳服务方式，在美国和一些欧洲国家很流行。

（5）综合式服务。综合式服务融合了法式、俄式和美式服务的综合餐饮服务方式。许多国际宴会采用这种方式，比如一些宴会以美式服务上开胃菜，俄式服务上主菜，法式服务上甜点等。

3. 自助式餐饮服务

自助餐主要适用于会议用餐、团队用餐和各种大型活动的用餐。自助式服务是事先将准备好的菜肴摆在餐桌上，顾客自己到餐台选择菜点，然后拿到餐桌上用餐。在自助式服务中，餐厅服务员主要负责餐前布置和摆台，餐中撤掉用过的餐具和酒杯，补充餐台上的菜肴等。

4.4.2 餐饮服务基本技能

1. 托盘

托盘是餐厅运送菜品、酒水、餐具、账单等的基本工具。托盘的使用方法按其重量分为轻托和重托两种。轻托是托送比较轻的物品或用于上菜、斟酒操作，也称胸前托，一般重量在 5 kg 左右，多适用于中小型托盘。由于其一般在客人面前操作，因此熟练程度、优雅程度及准确程度就显得十分重要。重托又称肩上托，是托载较重的菜点、酒和盘碟的方法，重托的重量一般在 10 kg 左右。目前，饭店一般不用重托盘，多用小型手推车解决递送重物的问题。

2. 餐巾折花

餐巾是一种卫生用品，顾客一方面可以用来擦嘴，另一方面也可防止汤汁油污衣服，起到清洁卫生的作用。餐巾折花摆在餐桌上，能起到美化餐台的作用，同时还是一种无声的形象语言，表达宴会主题，沟通宾主之间感情。

餐巾花的种类很多，凡能叠成一定的实物形状具有一定的欣赏价值，又适用于就餐场合的花形都可采用。将餐巾花插入水杯的称为"杯花"，多用于中餐；平放在骨盘上的称为"盘花"，常用于西餐。餐巾折花的主要技法包括叠、推、卷、穿、攥、翻、拉、掰、捏等，掌握了这些基本手法后，经常模仿、练习和创新，就能折出多种多样美观大方的餐巾花。

3. 摆台

摆台就是为客人就餐摆放餐桌、确定席位、提供餐具的工作，具体包括餐桌的布局、铺台布、安排席位、准备用具、摆放餐具、美化席面等。无论是中餐还是西餐，对餐具的数量、种类及摆放位置，均有严格的统一标准；餐具的材质、规格也在一定程度上体现了宴席的档次。

（1）中式摆台。中式摆台主要有三个流程：① 摆台前准备。洗净双手，领取各类餐具、布草等，用干净的布巾擦亮餐具和各种玻璃器皿，检查台布是否干净，是否有皱纹、破洞、油迹、霉迹等；② 铺台布、放转盘、围桌裙、配餐椅等；③ 摆餐具。按其先后顺序，包括骨碟定位；摆放小汤碗、小汤勺和味碟；摆放筷架、长柄汤勺、筷子；摆放酒杯；摆餐巾花；摆公用餐具；摆放宴会菜单、台号、座卡；摆插花。其摆放方式参见图 4-4、图 4-5。

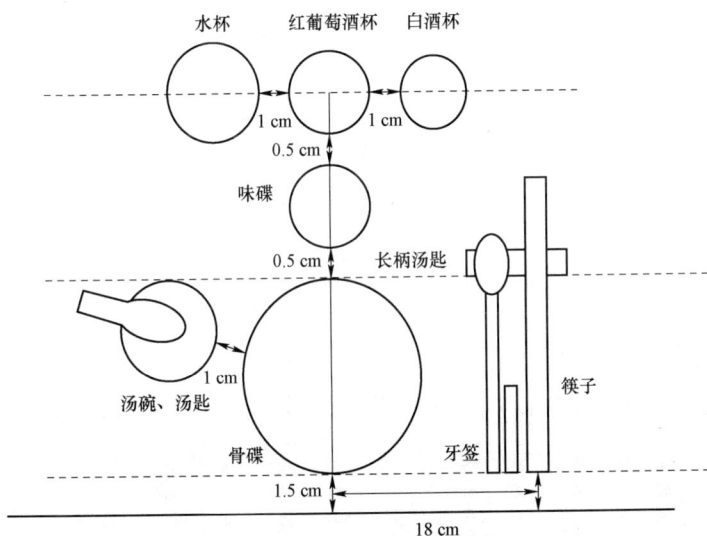

图 4-4　中餐摆台

图 4-5　中式宴会摆台

（2）西式摆台。西式摆台同样包括三个流程：① 餐具的准备工作。西餐餐具品种较多，每上一道菜就要相应地撤去用完的那套餐具。图 4-6 中展示了西餐服务中的主要器具。② 铺台布、摆餐椅。西餐宴会一般使用数张方桌拼接而成。铺台布的顺序应由里向外铺，让每张台布的接缝朝里，两侧下垂部分美观整齐。③ 摆餐具。按其先后顺序，包括摆餐盘；摆刀叉；摆水果刀叉（或甜品叉）、甜品匙；摆面包盘、黄油刀和黄油盘；摆玻璃杯具；摆餐巾花；摆其他餐具，如盐瓶、胡椒瓶、牙签筒等。其摆放方式参见图 4-7、图 4-8。

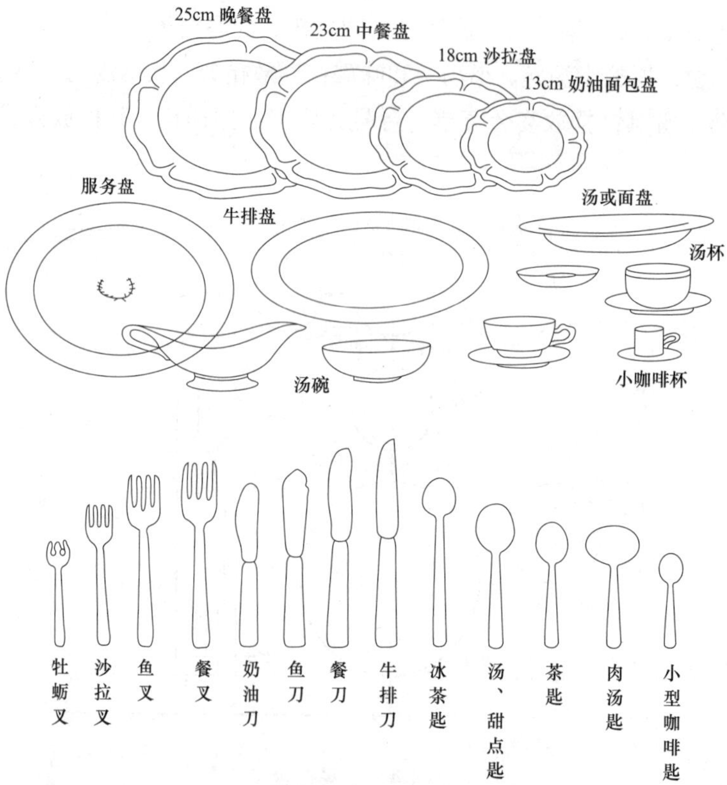

图 4-6　西餐服务的主要器具

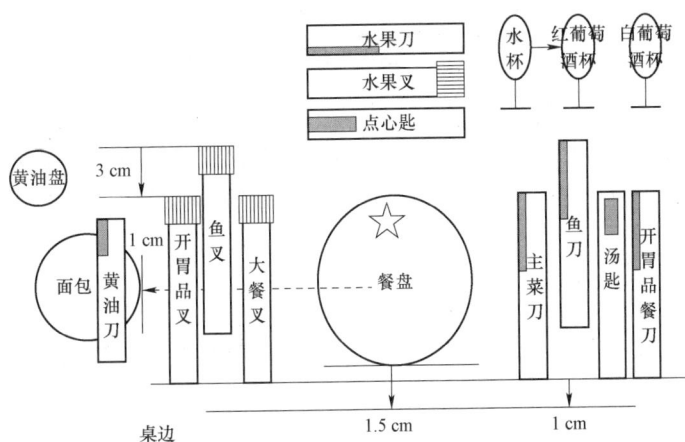

图 4-7　西餐摆台

图 4-8　西式宴会摆台

4. 斟酒

斟酒服务包括酒水准备、示瓶、开瓶、斟酒等流程。服务员在开餐前需要了解餐厅常用酒水的最佳饮用温度，对酒水温度进行处理（冰镇或温烫）。

斟酒顺序通常讲究先宾后主，女士优先。斟酒量根据酒水类型的不同有所区别，通常红葡萄酒斟 1/2 杯；白葡萄酒斟 2/3 杯；威士忌斟 1/6 杯。

5. 上菜

中餐上菜的顺序一般是冷菜、热菜、汤、点心、水果；西餐的上菜顺序则是开胃品、汤、色拉、主菜、甜品、饮品。根据餐饮类型不同，还应提供相应的分菜服务。

4.5 餐饮成本管理

餐饮成本构成复杂。加强成本核算和成本控制涉及餐饮管理的各个方面,是一项较为复杂和细致的工作。科学的餐饮成本管理,可以有效提高饭店经济效益。

4.5.1 餐饮成本构成

餐饮成本是制作和销售餐饮产品过程中所支出的各项费用,餐饮成本构成主要包括食品成本、人工成本和经营费用三个方面。

1. 食品成本

食品成本是指制作餐饮的各种食品原料成本。它包括以下三个方面:

(1)主料成本。即菜肴和饮料中的主要食品原料成本。通常主料在菜肴中含量最多,起主要支撑作用,菜肴常根据主料名称、产地和特点等命名。不同菜肴和饮料的主料不同,其成本也不同,但总体来看,菜肴的主料成本占食品成本比例最高;

(2)配料成本。即菜肴或饮料中的辅助原料,发挥衬托主料的作用。配料成本是不可忽视的成本,在食品成本中占有一定比例,有时甚至超过主料成本;

(3)调料成本。即菜肴中的调味品成本。它关系到菜肴和饮料的味道和特色,如食用油、调味酒、奶酪、香料、酱油、各种沙司(调味酱)等在菜肴中起着关键作用。

2. 人工成本

人工成本是指参与餐饮生产与销售的全部人员的工资和费用,包括餐厅经理、厨师长、领班、服务员、厨师、采购员、后勤人员和辅助人员等。

3. 经营费用

经营费用指餐饮生产经营过程中发生的管理费用、财务费用和销售费用等,包括房屋租金、生产和服务设施的折旧费、燃料和能源费、餐具用具及其他低值易耗品费、采购费、绿化费、清洁费、广告费、公关费、管理费等。

4.5.2 餐饮成本核算

1. 食品成本核算

1)食品成本率核算

食品成本率是指饭店在某一会计期间内总食品成本与营业收入的比。其计算公式为:

$$食品成本率 = \frac{食品总成本}{食品营业总收入} \times 100\%$$

2）食品原料净料率和单位净料成本核算

食品原料净料率是指食品原料经过一系列加工后得到的净料重量与它在加工前的毛料重量比。在毛料成本不变的情况下，净料率越高，单位净料成本就越低；反之，净料率越低，单位净料成本就越高。因此，在菜肴制作中，应积极采用合理的原料加工方法来提高原料的净料率，一方面可以减少食品原料的浪费，另一方面也可以降低单位净料成本，提高菜品收益。净料率和单位净料成本计算公式为：

$$净料率 = \frac{净料重量}{毛料重量} \times 100\%$$

$$单位净料成本 = \frac{毛料总成本}{净料重量}$$

3）零杯酒成本核算

在餐饮经营中，常以零杯的方式销售烈性酒和利口酒（餐后酒）等。因此计算每杯酒的成本，需要先计算出每瓶酒可以销售的杯数，然后将每瓶酒的成本除以可以销售的杯数即可。其中，需要注意的是，每瓶酒可以销售的杯数并不是直接以每瓶酒的容量来计算，而是需要在计算之前，扣除允许范围内的流失量即标准流失量，然后再除以每杯酒的标准容量，由此计算出可以销售的杯数。零杯酒成本计算公式为：

$$每杯酒成本 = \frac{每瓶酒成本}{\dfrac{每瓶酒容量 - 每瓶酒标准流失量}{每杯酒标准容量}}$$

4）鸡尾酒成本核算

鸡尾酒是由多种原料或酒水配制而成的，计算鸡尾酒的成本不仅要计算它的基酒（主要酒）成本，而且要加入辅助酒、辅助原料和装饰品的成本。计算公式为：

$$每杯鸡尾酒成本 = \frac{每瓶基酒成本}{\dfrac{每瓶基酒容量 - 每瓶基酒标准流失量}{每杯鸡尾酒标准容量}} + 每份鸡尾酒配料成本 +$$
装饰品成本

2. 人工成本核算

人工成本主要涉及餐饮部门员工的工资支出。把一定时期餐饮部门支出的员工工资总额除以餐饮部营业收入，即可计算出人工成本率，其计算公式为：

$$人工成本率 = \frac{工资总额}{营业收入} \times 100\%$$

在实际经营过程中，人工成本率会受到多种因素影响，因而是动态变化的。因此还需要通过计算不同会计期、不同餐厅或不同餐次人工成本率来进行比较，以找出人工成本差异原因，并提出改进措施。

3. 经营费用核算

经营费用涉及内容繁多，将所有经营费用相加之后得出的经营费用总额除以营业收入总额，即可得出经营费用率，其计算公式为：

$$经营费用率=\frac{经营费用总额}{营业收入总额}\times100\%$$

4.5.3 餐饮成本控制

1. 餐饮成本控制流程

餐饮成本控制包括运营前控制、运营中控制和运营后控制三个阶段。三者紧密衔接、互相配合、互相促进，在时间上连续，构成结构严密、体系完整的成本控制流程。餐饮成本控制流程如图4-9所示。

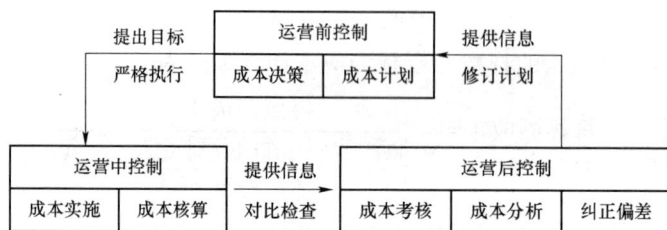

图 4-9　餐饮成本控制流程

1）运营前控制

运营前控制是在餐饮产品投产前进行的产品成本预测和规划。通过成本决策，选择最佳餐饮成本方案，编制成本预算，规划未来的餐饮目标成本。其中，餐饮成本决策是根据餐饮经营成本的预测结果和其他相关因素，在多个备选方案中选择最优方案，确定餐饮目标成本。餐饮成本计划是根据成本决策所确定的餐饮目标成本，具体规定餐饮经营各环节和各方面在计划期内应达到的成本水平。

2）运营中控制

运营中控制包括餐饮成本实施和餐饮成本核算，要求餐饮实际成本尽量达到计划成本或目标成本，如果出现差异要及时反馈给有关部门进行调整。其中，成本核算是指对餐饮经营中的实际发生成本进行计算，并进行相应的账务处理。

3）运营后控制

运营后控制是将计划和实际的餐饮成本进行汇总、分析，查明差异产生原因并采取措施，为下一期成本控制提供依据和参考。其中，餐饮成本考核是对餐饮成本计划执行的效果和各责任人履行职责进行考核。餐饮成本分析是指根据实际餐饮成本资料和相关资料对实际餐饮成本发生的情况和原因进行分析。纠正偏差是采取措施，纠正不正确的餐饮实际成本及错误的执行方法等。

2. 餐饮成本控制途径

1）食品成本控制

在提高产品价值的前提下，采用适宜的食品成本，改进菜肴结构和工艺，合理地使用食品原料，提高边角料利用率，加强食品原料的管理等，对降低食品成本，提高餐饮的价值和功能具有重要作用。食品成本属于变动成本，通常由食品原料的采购成本和使用成本两个因素决定，主要包括采购环节、原材料验收环节、原材料储存环节、原料加工环节等，各环节成本控制内容具体如下。

（1）采购环节。采购是成本控制的第一关，可以保证餐饮原料成本处于最理想的状态。主要包括制定采购制度、确定采购方式（直接采购、供应商报价采购、招标采购等）、规定采购质量、控制采购数量、控制采购价格（限价采购、竞争报价、规定供货单位和渠道、提高购货量和改变购货规格等）。

（2）原材料验收环节。原料的验收环节主要是为了确保原料的质量和数量，主要包括对验收场地、设备工具和人员提出的具体要求，以及在验收程序、验收方法（按供货发票验收、填单验收）和其他一些验收控制方面的规定。

（3）原材料储存环节。原料的库存与领发是食品原材料控制的重要环节，直接关系到餐饮生产质量、成本和经营效益。原料库存时要确保保质保量，分类存储；员工要遵守仓管制度，确保贮藏安全，并随时关注库存，采取相应的措施。同时，要根据饭店规定的手续和流程对原料进行领发。

（4）加工环节。食品原料的加工、烹调对餐饮的食品成本高低有着很大影响。加工环节的成本控制主要包括制定原材料初加工的质量标准（明确原料的净料率标准、制定原料初加工的标准作业流程）、加工过程的控制（规范作业程序与质量标准、建立菜品规范作业指导书）、合理地切配（合理利用原料、坚持标准投料量）、烹调过程的控制（控制调味品用量、菜点质量、装盘时的分量）等。

2）人工成本控制

人工成本控制是对工资总额、职工数量和工资率等的控制。一般而言，人工成本开销较大，占到餐厅营业收入的 20%～30%。同时工作纯熟度不高、疲惫不堪的员工不仅会降低服务品质，还会影响成本的支出。加强人工成本控制具体方法有以下几种。

（1）决定标准生产率。标准生产率可由两种方法来制定，一种是依据每小时服务顾客的数量，另一种是依据每小时服务的食物分数（适用于套餐服务方式）。此外，制订考评制度和员工激励策略等都是提高生产率的有效方法。

（2）确定人员排班。根据标准的生产率和就餐人数来进行人员排班，排班时需要注意每位员工的工作量及工作时数是否恰当，以免影响工作品质。

（3）计算标准工资，确定合理薪酬。预估标准的薪资费用，而后与实际情况比较、分析，将比较结果提供给管理者参考。管理者要制定合理的薪酬制度，正确处理经营效果与员工工资的关系。

（4）建立良好企业文化。实施人本管理，充分调动员工的积极性和创造性，加强员工的业务和技术培训，提高其业务素质和技术水平。

3）经营费用控制

经营费用因为涉及管理费、营销费、能源费、设备折旧费及保养和维修费、餐具用具及其他低值易耗品费、排污费、绿化费等，内容庞杂，需要依靠餐饮部的日常严格管理才能实现对其的控制。例如对于管理费和营业费需要通过相关制度控制包括差旅费、招待费、通讯费等在内的各种费用支出；而能源费的控制一方面需要依靠技术的改进，另一方面需要培养员工的节能环保理念。

复习与思考

一、名词解释

套餐菜单　销售额指数　分餐式服务　净料率

二、填空题

1. 一般而言，餐饮服务具有_____、_____、_____、_____等特点。

2. 餐饮部的组织机构主要由_____、_____、_____、_____、_____等部门构成。

3. 厨房设计的基本要求包括_____、_____、_____、_____。

4. 餐饮服务中的西式服务包括_____、_____、_____、_____、_____这几类。

5. 餐饮成本是制作和销售餐饮产品过程中所支出的各项费用，餐饮成本主要由_____、_____、_____三个方面构成。

三、选择题

1. 在我国，餐饮部的营业收入一般约占饭店总营业收入的（　　）。

A. 四分之一　　B. 二分之一　　C. 五分之一　　D. 三分之一

2. 下列哪一项不属于餐饮服务中直接对客的前台服务（ ）。

A. 餐厅   B. 管事部   C. 宴会厅   D. 酒吧

3. 以下哪种菜单会对每日剩余食品原料的处理带来一些困难（ ）。

A. 零点菜单   B. 套餐菜单   C. 固定菜单   D. 周期循环菜单

4. （ ）是由顾客中的主人亲自手切肉，装盘和配菜，再由服务员依次将菜肴送给每一位顾客。

A. 英式服务   B. 美式服务   C. 中式服务   D. 俄式服务

四、简答题

1. 请简要说明餐饮部在饭店中的地位与作用。

2. 餐饮部工作任务具体包括哪些？

3. 什么是菜单调整？并简要叙述菜单调整的方法。

4. 食品成本控制主要包括哪些环节？

五、计算题

表 4-3 是某海鲜餐厅 5 种菜肴一年来平均每日的销售情况，请完成表格填空。

表 4-3 某海鲜餐厅 5 种菜肴一年来平均每日的销售情况

菜肴名称	销售总量（份）	顾客满意指数	菜肴价格（元）	销售总额（元）	销售额指数	分析
蒜蓉大虾	14		45			
辣炒花蛤	30		25			
文蛤蒸蛋	21		20			
青椒鱿鱼	24		35			
韭菜海肠	11		30			
总计			—	—	—	—
平均值		—				

第 5 章

会议服务与管理

知识结构导览图

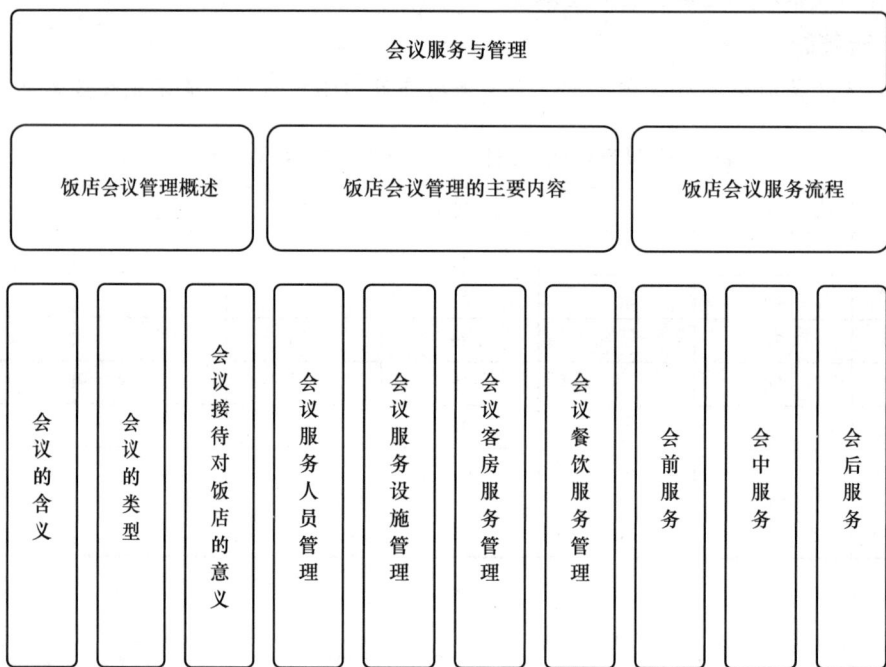

```
┌─────────────────────────────────────────────────────────────────┐
│                        会议服务与管理                              │
└─────────────────────────────────────────────────────────────────┘

┌──────────────┐   ┌──────────────────┐   ┌──────────────┐
│ 饭店会议管理概述 │   │ 饭店会议管理的主要内容 │   │ 饭店会议服务流程 │
└──────────────┘   └──────────────────┘   └──────────────┘
```

| 会议的含义 | 会议的类型 | 会议接待对饭店的意义 | 会议服务人员管理 | 会议服务设施管理 | 会议客房服务管理 | 会议餐饮服务管理 | 会前服务 | 会中服务 | 会后服务 |

▶ 学习任务与要求

1. 了解会议的概念；
2. 理解会议对饭店的意义；
3. 掌握饭店会议管理的主要内容；
4. 掌握饭店会议服务的流程。

引入案例

某企业在饭店举行一个 60 人的会议。会前两小时，该企业会议负责人张先生对饭店会议室的布置情况进行检查。检查中，张先生发现该会议室原有 46 个座位，为接待本次会议增加了 14 把座椅，却未增加相应的会议桌。服务员解释道：一是会议室太小，增加会议桌恐怕放不下；二是没有那么多会议桌。事后张先生找到客房部经理才解决了会议桌问题。

离会议开始还有半小时的时候，张先生发现现场并没有迎候人员及专门的会议服务人员前来进行准备工作，焦急的他赶忙找相关管理人员询问，却被告知会议服务人员先去了另一场会议活动，本来时间安排是不冲突的，但那场会议因特殊情况延迟了二十分钟，这才耽误了张先生这边的会议。经过协调后，管理人员抽调了餐厅部的服务人员先行进行服务；会前五分钟，会议服务人员才赶到。

到了用餐时间，张先生组织与会者一起去该饭店中餐厅用餐。入席后，张先生发现菜单与预订的餐品不符，便找餐厅负责人询问。餐厅负责人这才告知张先生，预订的会议菜单因季节原因，一些原料无法采购，所以临时换了等价的餐品。张先生虽表示理解，但也感到不舒服。

会议结束后，张先生想安排住店的与会者到饭店附近的水库风景区休闲放松，遂到楼层询问服务员："请问去水库风景区怎么走？"谁知服务员抱歉地笑了笑说："对不起，先生，我不知道。"张先生扫兴地摇了摇头，心里暗自决定不再在这家饭店举办会议了。

思考：该饭店在开展会议服务时，有哪些纰漏？开展会议服务应具备哪些条件？会议服务人员需要具备哪些能力？

5.1　饭店会议管理概述

会议是政治、经济、科技、教育、文化等领域开展交流与合作事务的重要形式，其类型多样，规模各异。饭店是会议接待的主要场所之一。接待各类会议是饭店扩大影响、增加营业收入的重要途径。

5.1.1　会议的含义

会议从字面上理解，"会"可以理解为聚合、会合、碰头、会面等意思，说明会议通常需要一群人共同参与；"议"可以理解为商议、商讨、讨论、研究等，说明会议的目的是进行信息的沟通与交流。由此可见，参会人数和会议目的是会议的两个关键要素。

关于参会人数，说法不一。孙中山曾提出"凡研究事理而为之解决，一人谓之独思，二人谓之对话，三人以上而循有一定规则者，则谓之会议。"当前，为了统计需要，不同组织在进行会议数量统计时，通常都会规定一个参会人数规模。例如，国际协会联盟（UIA）会议部对列入"国际组织会议（A类）"项的统计标准要求会议出席人数至少50人；国际会议协会（ICCA）对于列入其统计范围的会议也同样要求出席人数在50人以上。关于会议的目的，总体上来讲是进行信息和思想的交流，具体包括信息分享、观点讨论、形成决策、协调矛盾、达成合作和培训激励等。

综上所述，会议是指三人以上的群体为了研究问题、交流信息、获取知识、统一思想等目的而在特定的时间聚集在特定的地点，按照一定的规则所进行的演讲、发言、讲解、讨论、商议和交流等行为，从而集思广益、达成一定结论的活动。

5.1.2　会议的类型

1. 按会议内容划分

1）年会

年会（convention）是就某一特定主题展开讨论的聚会，议题涉及政治、经贸、科学、教育或技术等领域。年会通常包括一次全体会议和几个小组会议。年会多数是周期性的，参加人数较多，全体会议一般租用大型宴会厅或会议厅，各小组会议则租用小会议室。

2）专业会议

专业会议（conference）的议题通常是具体问题并就其展开讨论，可以召开分组小会，也可以只召开大会。就与会者人数而言，专业会议的规模可大可小。

3）代表会议

"代表会议"（congress）这个词最常在欧洲和国际性活动中使用。它通常指在本质上同专业会议相同的事件和活动。只有在美国，这个词被用来指立法机构。（代表）大会的出席人数差别很大。

4）论坛

论坛（forum）的特点是需要经过反复、深入的讨论，一般由小组组长或演讲者主持，它可以有许多听众参与，并可由专门小组成员与听众就问题的各个方面发表意见和看法，两个或更多的讲演者可能持相反的立场，对听众发表讲演而不是互相讲给对方听，主持人主持讨论会并总结双方观点，允许提问。

5）座谈会、专题讨论会

座谈会或专题讨论会（symposium）除了更加正式外，与论坛是一样的。不管是个人还是专门小组参加，其方法就是进行陈述、讲演，有一些预订好的听众参加，但是一般缺少论坛所拥有的平等交换意见的气氛和特征。

6）讲座

讲座（lecture）更正式、更有组织性，经常由专家进行个别讲演，讲座后可以有来自观众的提问。

7）研讨会、专家讨论会和讨论会

研讨会、专家讨论会和讨论会（seminar）这 3 种形式通常有许多可参与的活动，出席者有平等交换意见的机会，大家共同分享知识和经验，研讨会通常在主持人主持下进行。

8）专题讨论会

专题讨论会（workshop）的形式仅指处理专门问题或特殊分配任务的一般性的小组会议，常被培训部门负责人用来进行技术培训，在讨论会中互相学习，同时分享新的知识、技能和对问题的看法。它以面对面商讨和参与性强为特征。

9）培训性会议

培训性会议（training sessions）一般至少要用一天的时间，多则几周。这类培训会议需要特定的场所，培训内容高度集中，由某个领域的专业培训人员教授。

10）奖励会议

奖励会议（incentive meetings）是指公司对员工、分销商或客户的出色工作表现进行表彰、奖励的会议。

2. 按举办单位划分

1）公司类会议

公司类会议的规模不等，小到几个人，大到上千人。公司管理者强调的是信息传递，而公司内部信息传递的最基本方式之一便是会议。公司类会议通常以管理、协调和技术等为主题，具体可分为销售会议、经销商会议、技术会议、管理者会议及股东会议等。

2）协会类会议

协会类会议在会议市场中占有相当重要的位置。协会因人数和性质而互不相同，所以规模也有一定的差距。协会大致可划分为行业协会、专业和科学协会、教育协会和技术协会等类型。其中，由于成员多为业内成功人士，且常与展览结合举行，行业协会被认为是最值得争取的市场之一。

3）其他组织会议

这类会议的典型代表是政府机构会议。在省市级，中小规模的政府机构会议召开十分频繁，从而形成了可观的市场。在很多国家，工会同样是重要的会议举办者。

3. 按会议规模划分

1）小型会议

小型会议的出席人数少则几人，多则几十人，但不超过 100 人。

2）中型会议

中型会议的出席人数为 100～1 000 人。

3）大型会议

大型会议的出席人数为 1 000～10 000 人。

4）特大型会议

特大型会议的出席人数为 10 000 人以上，如节日聚会、庆祝大会等。

4. 按会议性质划分

1）商务型会议

一些公司、企业因其业务和管理工作发展的需要召开的商务会议。出席这类会议的人员素质较高，一般是企业的管理人员和专业技术人员。

2）展销型会议

以参加商品展览、交易、销售为目的的会议类型。在参展期间通常还会根据需要举办一些宣传会、发布会、谈判会、签约仪式和招待会等活动。

3）度假型会议

公司等组织利用周末、假期组织员工边度假休闲边参加会议。这样既能增强员工之间的了解，提升企业凝聚力，又能解决企业所面临的问题。

4）文化交流会议

各种民间和政府组织组成的跨区域性的文化学习交流的活动，常以考察、交流等形式出现。

5）专业学术会议

专业学术会议是某一领域具有一定专业技术的专家学者参加的会议，如专题研究会、学术报告会、专家评审会等。

6）政治性会议

国际政治组织、国家和地方政府为某一政治议题召开的各种会议。会议可根据其内容采用大会和分组讨论等形式。

5.1.3　会议接待对饭店的意义

1. 增加饭店营业收入

会议市场作为饭店的一个细分市场，能产生较大的经济效益。会议团体通常规模较大、停留时间较长，且因为会议经费一般由政府、企业、基金会等提供赞助，主要考虑的是应酬社交性质，所以消费水平也较高。据统计，会议客人的平均消费是普通客人的 3 倍左右。

2. 平衡淡旺季客源市场

由于旅游业的季节性特点，饭店业也受到极大的影响，旺季爆满，淡季门可罗雀。而会议在一年之中的差异并不明显。因此，开发会议市场是填补饭店淡季销售缺口，提升淡季销售收入，确保饭店常年入住率的重要途径，有利于充分发挥饭店设施的潜力。

3. 提升饭店知名度

会议与会者一般来自不同的国家或地区，具有非常广泛的代表性。成功的会议接待能给与会者留下美好的印象，无形中形成良好的口碑效应，传播给身边的朋友、亲人。同时，在会议举办期间，新闻媒体的聚焦，让会议情况得到宣传的同时，对饭店也进行了间接的广告宣传。

案例链接

长城饭店的总统答谢宴

长城饭店是我国第一家五星级的合资饭店，始建于 1980 年，1984 年正式营业。1984 年初里根总统访华。长城饭店的管理人员立即意识到，如果能邀请里根总统光顾，将给"长城"带来良好声誉，对饭店前途产生极大的影响。于是，他们制定了周密的计划，并全力付诸实施。当时，饭店尚未全部竣工，服务设施不尽完善，饭店工作人员克服各种困难，夜以继日地做了大量准备工作。他们不厌其烦地请美国驻华使馆的工作人员参观饭店，征求意见，不断地提高服务质量；接待上百名外国记者，为他们提供材料和通信设备，协助其采访，做到有求必应。经过努力，他们终于争取到了里根总统在"长城"举行答谢宴会的机会。

1984 年 4 月 28 日，来自世界各地的 500 多名记者聚集在长城饭店，向世界各地发出了里根举行答谢宴会的消息。这些消息，无一不提到长城饭店。于是，长城饭店在全世界名声大振，许多外国人产生了好奇心："长城"是怎样一家饭店？为什么美国总统选择在这里举行宴会？后来，许多外国来宾一下飞机，就想到"长城"住宿，于是，长城饭店的生意格外兴隆。据统计，开业的头两年，70％以上的客人都来自美国。

5.2 饭店会议管理的主要内容

5.2.1 会议服务人员管理

1. 会议经理的岗位职责

会议经理负责统筹饭店会议管理事务。其具体职责主要包括：制定部门年度、季度、月度的会议接待计划和预算并组织实施和完成；制定和完善部门的各项规章制度，改进会议服务方式或服务程序；协助主管进行会议服务方案的制定，包括协调整合各方资源，确认和执行活动方案，对活动全流程进行组织管理；积极推进会议营销工作，与客户保持良好合作关系等。

2. 会议主管的岗位职责

会议主管在会议经理的领导和监督之下，主要履行以下岗位职责：负责会议服务员排班、考勤和休假的初审工作，根据客户需要及员工特点，安排日常工作；负责会议服务员日常培训和纪律教育，确保员工安全、正确地操作，言行举止符合饭店相关制度要求；根据预订单做好会场布置计划工作，并负责会议服务全过程监管，确保会议服务顺利进行；熟悉会场内各类设施、设备的使用和维护的基本常识；负责会场的物资盘存及统计工作等。

3. 会议服务员的岗位职责

会议服务员主要负责会议的接待和现场服务。其主要岗位职责包括：根据会议要求，提供专业的会前、会中、会后服务，确保会场布置符合要求，会场设施、设备运转正常，会议服务周到、细致；处理客户的简单投诉，解答客户的一般业务咨询；根据会议的接待情况和客户的反馈信息，提出服务或工作改进意见；积极参加各种培训活动，努力学习业务知识，提高业务技能，满足各项服务要求等。

5.2.2 会议服务设施管理

1. 会议室的布局与设计

会议是人群集结的活动，在会前和会后都将有大量的人流在一定的区域内走动。因此，会议室位置应与客房、大堂等隔离，既保持饭店主体区域的安静，又不破坏其他顾客对饭店的初步印象和其他顾客的入住。同时，会议的召开，往往涉及其他设施、设备的运用，有些会议在会议中途需使用商务中心的设备，而若会议室设备出现故障，也需要与会人员以及饭店会议服务人员能及时找到工程部相关人员进行紧急情况的处理。因此，饭店在进行会议室布局时，要充分考虑会议室的集中性和通往饭店各处的便利性。

案例链接

第一世界大酒店是由宋城集团投资建设的饭店群，包括第一世界主题酒店（五星级标准）、休闲酒店（四星级标准）和假日酒店（经济型）三大部分。其中，会议室集中设置在主题酒店的一层，与商务中心和饭店销售部在一起，位于大堂右侧。饭店共计有 18 个规格不同、风格相异的会议厅，可容纳 30～3 300 人不同规模的会议，并都有各自的特殊命名。在会议厅走廊的拐角处，设置了会议服务办公室，用于各会议厅服务人员对会议厅实时情况进行监控，并方便他们与其他部门之间的联系。大堂左侧为一个大型多功能厅和圣马可西餐厅，中庭为热带雨林宴会厅。卫生间设置在各会议室的中间，方便与会人员的使用。客房区域在二楼以上，会议室与客房是完全隔离的，但客房至会议室区域有专门的电梯，位于饭店的最右侧，远离大堂，因此也不会影响饭店其他顾客的正常活动。这种布局形式考虑到了会议顾客各方面的便利性，赢得了许多顾客的称赞。

2. 会议专业服务设施

会议主办方对饭店的会议设施往往都有较高的期望，不仅要有不同规模的会议室、多功能厅，良好的隔声效果，并且要配备齐全的会议设备，且运行状况良好。会议服务设施主要包括：常用设施，如讲台、主席台、桌椅、指示牌等；多媒体设备，如计算机、投影仪、屏幕等；音响设备，如话筒、音箱等；此外还有较先进的视听设备，如可视电话会议系统、同声传译系统、会议表决系统等。其中，关于视听、音响设备的使用，应对服务人员进行专门培训，以防出现无法使用的状况。同时，会议室内的设备还需进行定期的检修，以保证会议的正常使用。另外，由于一些会议还附带展览项目，因此需要饭店提供展览的场地和服务设施。饭店应针对客户需求，结合饭店经营战略定位和内部经营的条件，完善饭店会议服务设施。

3. 安全保障设施

安全是会议得以按日程正常举行的基础，也是会议策划者需重点关注的问题。首先饭店工作人员需具有较高的安全意识，以避免安全事故的发生。其次，饭店的会议安全设施必须符合有关规定，例如会场应标明紧急出口位置，张贴详细的撤退路线图等，按设计规范要求，还应安装烟雾报警器和洒水装置等。此外，饭店还必须具备相应的安全管理能力，如常设保安队伍、危机管理预警系统、急救能力等。同时，在会议举办期间，常常会有高级官员、著名艺人，甚至是国家领导人，政要人物等，这就需要饭店编排额外的安保人员，采取严格的安保措施，以保证这些"特殊"顾客的安全。

4. 商务服务设施

会议客人通常需要的服务项目包括中、英文打字，复印，传真，秘书服务，翻译服务，代订车票、船票、飞机票，国际、国内长途电话，代办邮件等。为了满足会议客人的需求，饭店的商务中心应配备齐全的商务设施以及熟练的服务人员。常见的商务设施包括多功能复印机、传真机、计算机及打印机、装订机、书报杂志、办公用具等。服务人员应技能熟练，态度热情礼貌，掌握全面的专业知识和技能，为客人提供优质、高效的服务。

5. 健身娱乐设施

由于会议时间一般较长，会议组织者往往也会考虑到为与会者提供相应的娱乐健身活动，方便与会者在自由活动时放松身心，有些会议甚至将娱乐健身活动作为会议的一部分被安排进日程。因此，健身娱乐项目的设置也是饭店需额外注意的。可供给的健身项目包括健身房、室内外游泳池、网球场、保龄球馆、台球室、乒乓球馆等；娱乐设施包括歌舞厅、KVT 房、棋牌室等。

5.2.3 会议客房服务管理

客房是饭店最基本的产品，客房数量是衡量一家饭店规模的最常用的标准，同时也直接反映了饭店的会议总体接待能力。饭店的规模不同，能承办的会议规模也不尽相同，因此客房的数量和规格是会议组织者选择会议地点必须考虑的一个关键因素。饭店通常需要具备一定数量的单间、标准间和套房以满足会议团体的入住需要，并必须有适合会议客人特点的客房服务。

1. 为会议客人入住提供便利

由于会议客人入住时间有一定的集中性，为提高办理入住手续的效率，缩短等待时间，饭店应提前从会议策划者处了解有关团体人数、客房预订、团队入住和离店的时间、抵达方式等信息。根据会议组织人提供的预订登记表妥善安排好客房。进行分配时，应尽量将与会者分配在同楼层或相近的楼层，便于交流与联系。团队到达当天，在大厅设立签到处，接待与会客人。会务组向与会人员分发钥匙。入住登记表可根据客人报名表提前由饭店填写，也可请客人在房间填写，然后由饭店接待员回收入住登记表。

同时，饭店通常会为会务组预留一定量的套房以备会务组接待之用或提供给出席会议的贵宾。会议服务经理应负责掌握贵宾的抵达时间，确保为贵宾预留的套房在其抵达时能交付使用，还要实时跟踪会议团体的用房状况，预测与会代表预订未到的情况，及时与会议组织人进行沟通，合理取消未到客人的预订房，以利于饭店客房的销售。

2. 提供专业的会议客房服务

会议客人对饭店会议服务专业性的要求是通过饭店服务的每个环节、每个方面体现出来的。保证客房内商务设施的完善是最为基础的。会议客人较倾向于在客房内方便、快捷地外理事务，对互联网的需求尤为强烈，客房内需接入互联网插口或提供无线网络，让客人保持信息畅通。饭店可以设置一定的商务楼层。楼层设立服务台，单独办理入住、离店手续。设立小型会议室，方便顾客召开小型会议。

3. 重视 PA 管理

PA（public area）管理，即公共区域清洁管理。PA 管理一般归属于客房部，但不同的是，由于会议组织者和参会人员对与会议活动相关的公共区域清洁卫生情况更为重视，因此，以会议为主营业务的饭店，其 PA 管理除了客房、餐饮、大堂等区域外，还包括各种规格的会场、展览区、VIP 接待室等会议使用区域，从而使该类饭店在 PA 管理中的人员配备以及管理的难度上要大于其他类型的饭店。具体而言，PA 管理与服务应重视以下几个方面：一是确保会场保洁的及时性和彻底性。对于会前会场布置时展台搭建、设施设备以及桌椅、花卉等物品的摆放而造成的会场环境破坏，PA 管理人员以及服务人员都应该及时地清理和彻底地修复。二是在尽量不打扰会议活动的情况下，保持各区域的环境卫生。例如保洁人员应在会议中途的休息时间段内对会场进行及时保洁，以免打扰参会客人；对于持续时间长的大型会议或展览，由于人流量大、人员复杂等特点，PA 管理以及服务人员需要时刻留在现场及时维护环境卫生。

5.2.4　会议餐饮服务管理

对饭店来说，除了会议相关设施设备的租用收入及客房的收入外，还包括会议用餐收入。这项收入主要来自会议宴请、茶歇以及普通的会议用餐，与其他散客用餐方式不同的是，会议用餐都是团体消费，具有用餐人数多的特点，因此餐饮管理的优劣将直接影响参会客人对饭店整体形象的评价。

1. 设计合理的会议团体菜单

会议团体菜单的设计应该以会议客人的饮食偏好为基础，辅之以饭店的特色餐点。为适应不同层次客人的需要，饭店可预先设计几套价格梯度不同、菜式丰富的会议团体菜单，以便会议组织者从中挑选。菜单不仅要考虑菜品的丰富度还应注意食品的营养成分，注意饮食搭配及禁忌。

会议宴会用餐是会议餐饮服务的重头戏，是将会议活动与宴饮相结合的高级宴饮形式。宴会菜单在设计时，要注重餐品的协调搭配，凉菜、热菜、点心、汤、水果等各部分比例要恰当。要以宴会主题和参会客人的需求为出发点，注意菜肴的种类、分量与质量。与此同时，可对菜肴进行创新，打造本饭店独有的宴会餐饮特色，可结合当地文化，运用现代烹饪技术推出极富特色的宴席。

2. 创造优雅的会议餐饮环境

餐饮环境是会议组织者在选择饭店时非常重视的因素。为了满足会议客人对不同餐饮的需求，饭店应设置自助餐厅、正餐厅、咖啡吧等。自助餐厅是会议组织者选择频率最高的餐厅，由于会议时间通常紧凑，无法给予与会者宽裕的时间慢慢等待品尝，会议组织者会选择自助餐作为日间的用餐形式。餐厅的设计要简洁明快，桌椅排放易于行走及传送食品。正餐厅包括中餐厅和西餐厅，此类餐厅提供精美的菜肴，服务人员着装正式，餐厅布置华丽，环境舒适。咖啡厅可以为与会者提供一个良好的交流环境，因此其灯光常为暖色调，环境优雅恬静。

3. 提供优质的餐饮服务

会议客人对员工的服务态度重视程度较高。饭店应实现服务的规范化、制度化来保证稳定的餐饮服务质量。餐饮部门要针对不同场合制定完备的服务程序。宴会服务需要正规、全面的服务；自助餐厅需要简单、一致、方便的服务。当然，服务程序不是一成不变的，可根据实际情况加以调整。比如在广州举办交易会期间，中国大酒店自助午餐非常繁忙，为了提高工作效率，餐厅的每张餐台不再摆设原有的餐巾，而以餐巾纸代替。这样，员工清理餐台和重新摆设餐台的时间就大大缩短，从而避免了就餐客人的等待时间和过度拥挤的情况，保证了自助餐厅的良好氛围和基本质量。

案例讨论

张某是某五星级商务酒店的餐厅服务生。某日，该酒店接待了一个非常重要的大型国际会议。小张的领班孙某在晚餐之前制定了详细的接待计划。原本从事用餐服务的小张被领班安排和小王合作在餐厅入口处做领座员。考虑到用餐高峰，客流量较大，领班孙某特别安排了两位领座员（原本是小王一人当班）。餐饮总监也在现场做指导。可是就在用餐高峰期之前，餐饮总监发现某包厢准备还不到位，于是临时让小张去包厢做好卫生及相关工作，小张见是餐饮总监的命令，不敢怠慢。可当小张准备完包厢回到餐厅入口处时，客流量已经很大了，小王一人无法应付，导致有少许客人不满。领班对小张擅自离开岗位给予了严厉的批评，并称事后将追究其相应责任。而小张简直是一肚子冤枉，明明自己是被餐饮总监临时调用的，并不是擅自离岗，面对领班的批评觉得很委屈。

思考：你觉得在这次事件中，餐饮总监和领班是否存在过错？小张是否该执行餐饮总监的临时调用？为什么？

5.3　饭店会议服务流程

饭店会议服务流程的设计是否合理、流程中各环节的服务质量与管理水平的高低不仅直接影响饭店各部门、各岗位之间的工作协调性，还将直接影响顾客对饭店会议服务质量与管理水平的评判。会议服务流程通常包括会前、会中及会后的各项服务和管理工作。

5.3.1　会前服务

会前接待阶段的服务是会议举办的准备环节，包括与会议相关的各种筹备工作、按照主办方要求设计和布置会场等。

1. 会前沟通

会前沟通的内容首先是饭店根据会议的特点和要求与组织者进行洽谈，提供会场、客房以及餐饮等相关会议产品的信息；其次，通过与组织者反复的沟通和协调制定会议接待方案，落实各项具体内容。例如，确定会议举办的时间、人数、会议标识的设计与制作、会议用餐、会议住宿以及会场布置等事项。最后，双方签订合同，组织者预付定金。

另外，由于会议接待服务涉及饭店的各个部门、各个岗位，因此，饭店必须注重各种服务细节，对于已经确定的方案仍需要反复地沟通和确认，务必使会议组织者的要求与策划方案以及合同文本的信息保持一致。根据会议的性质、档次以及规模的不同，会前沟通的方式也有所不同，例如一般中、小型的会议，特别是与饭店有着长期合作关系的会议举办通常只需要会议组织者与饭店的会议销售人员进行简单信件、电话等沟通，饭店就能比较顺利地完成会议承办的各项工作；但是对于高端、大型会议一般需要双方通过面对面的洽谈，并且反复沟通，以保障会议的如期举行。

2. 会议筹备

1）会务组筹备

会务组是为了保障会议的顺利进行而临时成立的综合性服务组织，具体负责会议现场布置、人员报到、食宿接待、机场接送、会议安保、会议资料整理与分发、会议现场服务等事务。会务组通常由会议组织方和饭店会议部门抽调精干人员共同组成，并共同完成从会前接待、会议召开直到会议结束的各项管理和服务工作。

2）会议场所设计与布置

根据会议规模和会议主题的不同，会议组织者对于会场的具体要求也不同。因此，会议服务经理应基于饭店会议场所的客容量、会议活动的类型和主题、预期的出席人数，为会议活动分配合理的会议空间，配备相应的视听设备，并对会场进行恰当的布置。其中，桌椅的摆放是会场布置的重点。会场常见的布局形式有剧院式、课堂式、宴会式、鸡尾酒式、U形式和董事会式（见图 5-1～图 5-6）。剧院式布局适合人数较多的大会；课堂式布局适合专业学术机构举办的具有培训性质的会议；宴会式布局适合大型年会、销售会议等，通常把宴请与会议相结合，带有感恩、欢庆、回馈等性质；鸡尾酒式布局适合人数较多，需灵活走动、交流的活动，一般不安排或仅安排少量的座位；U形布局适合小型的、讨论型的会议；董事会式布局一般只用于小型的会议。

图 5-1　剧院式布局　　　　图 5-2　课堂式布局　　　　图 5-3　宴会式布局

图 5-4　鸡尾酒式布局　　　　图 5-5　U形式布局　　　　图 5-6　董事会式布局

3）会前各项检查

会前检查就是按照会议要求，对会场以及各项会议设施设备的到位情况、视听设备的调试检查等进行一一核对。在这个过程中，一般会有会议组织者协同检查，以确保会议准备工作达到对方期望的效果。会前检查的项目包括：第一，会场检查。检查会场设计与布置的整体风格是否符合会议的要求。第二，舞台和背景板的检查。主要从安全的角度检查其稳固性，以及背景板图文的正确性。第三，检查讲台、主席台和椅子的位置、高度以及灯光强弱、话筒距离等安排是否合适。第四，会议设施设备的检查。检查会场灯光、温度、电梯等设施是否运行正常，测试各种视听设备，包括话筒、音响、网络等设备是否正常。第五，会议信息指示牌以及茶歇台的布置和摆放是否合理，特别是信息指示牌上的信息是否能够清楚、明了地帮助参会者找到会场并快速、准确地就座。第六，其他会议用品以及环境的检查，包括桌签、纸笔、饮用水及会场绿化、卫生等。通常，整个会场的检查在开会前 1 小时左右完成。

饭店需根据会议的规模和档次，由不同级别的领导人参与检查。一般小型会议只需要由部门经理陪同会议组织者检查；对于省部级的大、中型会议需驻店经理和部门经理共同参加检查；而国家级的峰会则需要饭店总经理带领相关的会议经理多次检查·再高一级的大型国际会议和有元首级 VIP 出席的会议则更要求会前检查的多次演练，以保证与会议相关的各项系统运行正常。

5.3.2　会中服务

1. 迎候服务

会议开场前半小时，会议服务人员须根据预先安排，分成两队进行礼仪服务。一队服务人员协助会议组织者办理参会人员的签到手续；另一队服务人员则在会场外引领参会人员，特别是 VIP 顾客进入会议厅，并在负责会议现场的服务人员的配合下，让参会人员快速对号入座。

2. 会议现场服务

会议现场的服务主要包括四部分：一是会议现场的茶水服务、会议资料的运送和发放，以及根据会议客人的需要变换会场台型、增减桌椅等；二是饭店需要配备对会场视听设施设备进行全程监控和调试的专业技术服务人员；三是会议开展时间较长的，饭店需提供相应的茶歇服务；四是根据会议主办方的需求进行会议记录，提供录音、录像服务。

饭店在配备会议服务人员时，应配以经过专门培训且具有较强洞察力的人员，以保证随时能根据客人的需求主动提供服务。对于一般的小型会议，饭店只需安排 1~2 名服务人员进行现场服务；而参会者较多的大型会议，在增派服务人员的同时，还要求主管或会议经理进行现场管理。

3. 参会客人私人物品寄存服务

对携带贵重物品或不宜带入会场物品的参会客人，饭店应提供客人私人物品的寄存服务。这是整个会议服务中必不可少的内容，尤其是大型高端会议。服务人员需细心、周到，同时在整个会议时间内，服务人员不得擅离职守，以免客人财物遗失。

4. 其他注意事项

（1）根据会议的性质以及主办方的要求提供保密服务；

（2）设立紧急医疗救助预案，准备常见医疗药品且能处理简易病症；

（3）有能及时发布会议信息的电子信息系统，并按会议要求提供新闻、公告等信息发布；

（4）保证会场安全性，设立安保人员，VIP 顾客进行活动时，饭店的安保人员以及VIP 服务专员须全程陪同；另外，针对会议过程中遇到火警、地震等突发事件的情况，饭店相关人员需提前进行逃生线路的演练，在发生事故时，安保人员以及会议管理人员等须保持冷静，根据演练流程紧急疏散会场内的客人。

5.3.3　会后服务

成功的会议接待需做到善始善终，保持会议接待工作的完整性及服务的一致性，因此，会后服务与会前、会中服务同等重要。

1. 会议结束前的各项准备工作

会议服务人员需根据会议的起止时间，在会议结束之前做好各项准备工作。主要内容包括：一是确定会议结束后参会客人的行走路线，并确保各线路畅通无阻；如果有 VIP 顾客出席会议，还要进一步确定其离场程序，安排 VIP 顾客小组人员随行护送；二是加强与会务服务相关岗位的联系，控制会议结束时人员离场的局面，以免造成混乱；三是向会议组织者确认会议任务书的各项内容以及会议费用的使用情况。

2. 会场的检查和清理工作

在会议结束后，管理人员和服务人员须对会场进行彻底的检查，包括参会客人遗留物的检查以及相关会议设施的检查、关闭及归还工作；最后由保洁人员进行清洁工作。

3. 会后结账

会议结束之后，饭店须提供详细的费用明细表，指派专人与会议组织者进行核对并结账。会议结账涉及两类费用：一是会议组织者支付的账单；二是参会者个人消费账单。饭店根据与会议组织者的协商，确定费用划分的依据，然后对相关费用账单进行分类整理，交与会议组织者核对，确认总费用。在费用支付上，根据饭店的规定、会议组织者的信誉、过去合作的情况等，费用支付方式和时间可以灵活处理。与此同时，饭店需向参会者说明会议组织者支付的范围，减少客人在结账时产生的争议，加快结账的速度。

4. 会议回访工作及总结

一般情况下饭店应由会议主管以上的管理人员出面对会议组织者以及参会人员，以口头或书面的形式了解他们对本次会议服务质量的评价，征求服务改进意见，并编写会议总结报告。对于大中型、高端的会议更要由会议经理亲自与会议组织者进行交谈，深层次了解本次会议中饭店各项会议服务与管理的不足，同时，使会议组织者更加深刻地感受到饭店对他们以及本次会议的高度重视，增加会议组织者再次选择该饭店举办会议的可能性。

复习与思考

一、名词解释

会议　会务组　会议现场服务

二、填空题

1. 会议通常是指＿＿＿＿＿＿人以上的集会。

2. ＿＿＿＿＿＿负责会议服务员排班、考勤和休假的初审工作。

3. 饭店在进行会议室布局时，要充分考虑会议室的＿＿＿＿＿＿和通往饭店各处的＿＿＿＿＿＿。

4. 会场常见的布局形式有剧院式、＿＿＿＿＿＿、宴会式、鸡尾酒式、＿＿＿＿＿＿和董事会式。

5. 会议开场前＿＿＿＿＿，会议服务人员须根据预先安排，分成两队进行礼仪服务。

三、选择题

1. 百人或几百人的会议属于（　　　　）。

A. 小型会议　　　B. 中型会议　　　C. 大型会议　　　D. 特大型会议

2. （　　　）类型的布局适用于与会者数量较多，无须笔记的大型会议。

A. 课堂式　　　　B. 剧院式　　　　C. 董事会式　　　　D. U形式

3. 会议开始前，整个会场的检查在开会前（　　　）时间内完成。

A. 20分钟　　　　B. 30分钟　　　　C. 10分钟　　　　D. 1小时

四、简答题

1. 会议接待对饭店有哪些意义？

2. 会议通常可以划分成哪些类型？

3. 做好会议客房服务包括哪些环节？

4. 做好会议餐饮服务包括哪些环节？

5. 饭店会议服务包括哪些具体的流程？

五、案例分析

小方是某饭店的会议服务人员。某天，饭店接到一个大型会议活动。会议主管将会议所需的各项设备整理成清单，交给小方，让其提前一天将各项设备准备妥当并逐一检查。会议前一天，小方发现会议所需麦克风被其他部门临时调用还未归还，便与负责人商量好第二天早上一早去拿。第二天，会议前半小时小方才将麦克风拿回，但因连接问题无法使用。会议主管立即找维修人员进行维修，但会议仍因此原因而无法按时进行，被迫推迟了半个小时。

思考：在这个案例中，小方和主管人员分别负有哪些责任？

第 6 章

康乐服务与管理

康乐服务与管理

康乐部概述	康乐服务的特点与流程	康乐卫生与安全管理

康乐部的主要任务	康乐部的业务类型	康乐部的组织结构	康乐服务的特点	康乐服务流程	康乐服务常见问题处理	康乐卫生管理的特点	康乐卫生管理的制度	康乐安全管理的目标	康乐安全事故的类型	康乐安全事故的预防与处理

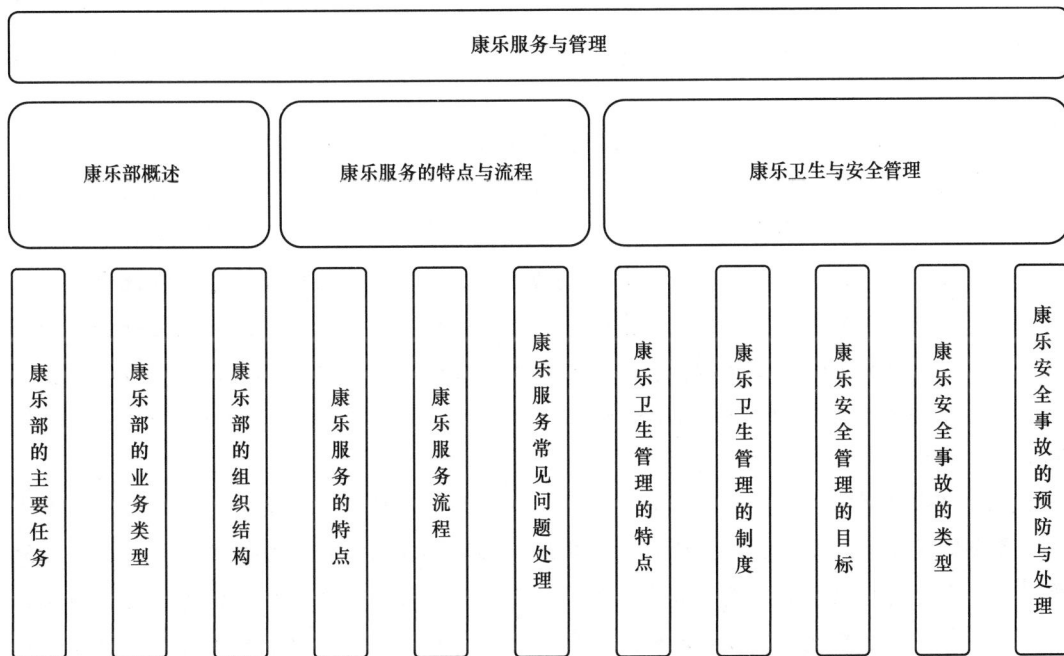

■ 学习任务与要求

1. 理解康乐部的主要任务和业务类型;

2. 了解康乐服务特点;理解康乐服务流程;掌握康乐服务常见问题处理;

3. 了解康乐卫生管理的特点;掌握康乐卫生管理制度;

4. 了解康乐安全事故的类型;理解康乐安全管理的目标;掌握康乐安全事故的预防与处理。

引入案例

醉酒客人桑拿室滑倒摔伤

某晚,李先生喝完酒后,与朋友来到某饭店经营的桑拿洗浴中心,服务人员见状忙进行阻拦,提醒他们酒后洗浴的种种危害,但李先生不听劝阻,仍与朋友一同进入桑拿浴室洗澡。

洗头时,李先生想将手中的一次性洗浴用品袋扔进远处的垃圾桶中,但由于用力过猛,加之浴室内的地板砖湿滑,李先生整个身体一下子失去平衡,重重地摔到淋浴室对面的桑拿室玻璃门上。只听"哗"的一声,玻璃被撞碎,玻璃在下滑的过程中将李先生右胳膊割伤,血流不止。李先生的朋友见此情景急忙拨打 110 电话报警和 120 急救电话,桑拿洗浴中心经理也马上和李先生的朋友一起将他送往医院抢救,并垫付了相关医疗费用。由于李先生出现创伤性失血症状,后转院抢救,并采取了相应的治疗措施。

因创口处不适,半年后李先生再次到医院住院治疗,医疗花费较大。于是李先生向该饭店桑拿洗浴中心索要医药费未果后,向法院提起诉讼。李先生诉称:由于浴室地砖太湿滑,浴室经营者没有采取防范措施,也没有设置安全警示标记,致使原告遭受人身损害,并给其精神上带来痛苦,故请求法院判令被告赔偿医疗费、残疾赔偿金、精神抚慰金等合计××元。被告则辩称:原告在洗浴中心洗澡受伤属实,但因浴室里经营设施符合安全保障要求,浴室地面上设置了防滑垫,在墙上也贴有提醒客人的警示标志,故中心已尽合理限度内的安全保障义务。原告酒后不听劝阻强行进入浴室洗澡受伤,应由其本人承担责任。请求法院判决驳回原告的诉讼请求。

法院经审理查明,认为原告李先生在桑拿洗浴中心交费后,与桑拿洗浴中心已形成洗浴服务合同关系。被告提供服务时应保证其所提供的浴室内设施符合保障人身财产安全的要求,不存在明显的安全隐患。被告未尽到安全保障义务,与李先生受伤有一定的因果关系。原告李先生酒后洗浴,不能理智地控制自己的行动,故对其自身损伤的产生也有一定过错,根据有关法律规定,应当减轻被告的民事责任。依照《民法通则》和最高人民法院《关于审理人身损害赔偿案件适用法律若干问题的解释》的规定,综合双方的过错程度、损害后果等因素,被告应当对原告治疗损伤所产生的合理费用承担60%的民事赔偿责任,其余款由原告自负。

思考:如果你是该桑拿洗浴中心的服务人员,会怎样婉拒李先生进入桑拿浴室?桑拿浴室设施设备应如何保障顾客安全?

6.1　康乐部概述

6.1.1　康乐部的主要任务

1. 满足顾客康体运动的需要

强身健体是现代人日常生活中的一个重要内容和需求。对于很多人而言，商旅途中也需要不间断地进行康体运动。为此，饭店通过康乐部提供了多样化的健身设施和项目，包括网球、台球、壁球、健身器材、游泳池、高尔夫球、飞镖、室内攀岩、乒乓球、羽毛球等，可以很好地满足顾客多样化、专业化的康体运动需求。

2. 满足顾客休闲娱乐的需求

饭店康乐部通常会提供棋牌室、卡拉 OK 厅、舞厅、夜总会、游戏厅等设施项目，以此吸引顾客到此进行休闲娱乐活动，这既可以满足顾客放松身心、愉悦精神的目的，同时也是顾客开展人际沟通，进行商务往来的一种重要补充手段。

3. 满足顾客保健养生的需要

保健养生是饭店康乐部除了康体运动、休闲娱乐之外另一项重要的业务组成项目。通常提供美容、美发、水疗、按摩等项目，使顾客的身心得到由内而外的保养。

4. 满足顾客康乐安全的需要

顾客利用饭店各项康乐设施进行健身、娱乐活动时，也会存在一些安全隐患，包括设备故障、运动损伤、意外事故、火灾风险等。因此，做好设施设备的保养工作，营造安全健康的休闲环境，是康乐部的基本任务之一。

5. 满足顾客康乐卫生的需求

随着康乐活动的普及，康乐设备和场所的使用频率越来越高，产生细菌交叉感染的情况就比较多，如游泳池的水质、顾客唱卡拉 OK 时经常使用的话筒、球类运动中经常触摸的球拍和球、美容美发室经常使用的各种器具和化妆品等。康乐部需要通过各种卫生监管制度的制定和实施，为顾客提供卫生、舒适、放心的活动场所。

6.1.2 康乐部的业务类型

1. 康体运动类服务项目

1）康体运动类服务项目的定义

康体运动类项目是借助一定的运动设施设备和环境，为顾客锻炼身体，增强体质而设置的健身项目。康体项目有别于专业体育项目，它不需要有专业体育项目那么强的专业性、技巧性，顾客参与康体项目是为了达到锻炼的目的，并从中享受到乐趣，进而达到放松身心的目的。

2）康体运动类服务项目的内容

康体运动类服务项目主要包括网球、台球、保龄球、高尔夫球、羽毛球、壁球、沙狐球、游泳健身、室内攀岩、飞镖及射箭等。

3）康体运动类服务项目的特点

（1）康体运动类服务项目对设施设备的要求较高。康体运动类服务的核心是为顾客提供康乐设备和运动场地。配置高规格、高质量的康体器材，一方面可以为顾客提供充分的舒适享受，另一方面可以降低设备的故障率，保证经营的连续性，减少维修费用。

（2）康体运动类项目配套是经营的保证。在设计康体休闲项目时，应根据饭店实力和顾客需要提供配套服务。这不仅包括每个项目的内部完善，如休息室、水吧服务、洗浴、餐厅等配套项目，还应使各种康体项目互相配套、互补，这样康体经营项目就会成为饭店的主要营业收入来源。

（3）康体运动类项目需要提供指导性服务。一方面，康乐部的设备种类较多，需要服务人员提供正确、耐心的指导性服务，以便一些初次使用的顾客能正确操作；另一方面，一些运动项目的技术性很强，也需要服务人员向不熟悉该项运动的顾客提供技术上或规则上的指导服务，以满足他们在掌握运动技能、技巧方面的需求。

2. 休闲娱乐类服务项目

1）休闲娱乐类服务项目的定义

休闲娱乐类服务项目是指通过一定的设施、设备和服务，使顾客在参与中得到放松和满足的游戏活动。休闲娱乐类项目与康体运动类项目既有区别又有联系，两者的区别在于：康体运动类项目多由体育运动项目转化而来，而休闲娱乐类项目是以休闲娱乐功能为主的游戏活动。

2）休闲娱乐类的服务项目的内容

休闲娱乐类服务项目主要包括棋牌服务、KTV 服务、歌舞厅服务、电玩游戏服务等。

3）休闲娱乐类服务项目的特点

（1）休闲娱乐类项目的核心是环境和氛围。休闲娱乐类项目的场所应高雅、洁净且具有一定的文化品位。休闲娱乐活动场所吸引顾客的主要因素是环境和氛围。内容丰富、品位较高的娱乐项目和洁净高雅的娱乐场所不仅能给顾客带来愉悦的心情，而且会给顾客带来宾至如归的感受。

（2）遵纪守法是开展休闲娱乐类服务项目的重要前提。一些康乐项目经营者为了提高休闲娱乐类项目的吸引力和刺激性，不惜纵容赌博、色情、吸毒等不法行为，甚至主动提供上述非法服务项目。这些行为严重地败坏社会风气，扰乱社会秩序，一经查出，都会受到严厉的法律制裁。

3. 保健养生类服务项目

1）保健养生类服务项目的定义

保健养生类服务项目是指通过提供相应的设备、设施或服务作用于人体，使参与者达到放松肌肉、促进循环、消除疲劳、恢复体力、养护皮肤、改善容颜等目的的活动项目。

2）保健养生类服务项目的内容

保健养生类服务项目主要包括水疗服务、桑拿浴服务、保健按摩服务、美容美发服务等。

3）保健养生类服务项目的特点

（1）服务人员的专业性是保健养生类服务的关键。无论是保健按摩、SPA 水疗，还是美容美发服务都需要有受过专业训练并取得上岗资格证书的人员来提供。专业人员水平的高低不仅关系服务质量的好坏，而且直接影响项目经营效果的好坏。

（2）良好的卫生条件是保健养生类服务的保证。保健养生类服务项目大多直接接触顾客的身体，卫生条件对顾客的健康来说尤为重要。无论是顾客用的物品还是服务设施都应经过严格的消毒，同时专业服务人员也要做好个人卫生。

6.1.3 康乐部的组织结构

康乐部作为饭店的重要业务部门，一般作为一个独立的服务部门或隶属于某个部门，其设置应与饭店具体的规模、档次和经营理念相适应。通常而言，康乐部常见的组织结构有以下几种。

1. 康乐部独立成部

即康乐部作为饭店的一个独立部门，与其他业务部门并列存在。这种组织结构适用于康乐项目较多的饭店。康乐部通常还会根据康乐项目分类设立相应的组织部门和岗位，一般包括康体健身项目主管、休闲娱乐项目主管、养生保健项目主管等（见图6-1）。

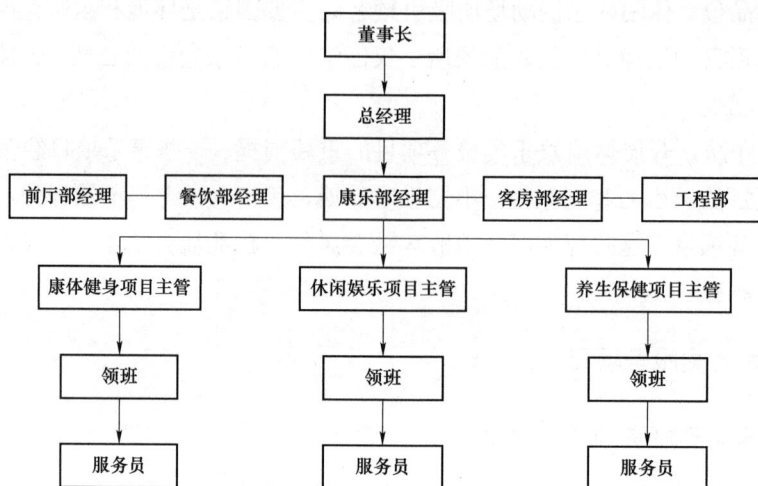

图 6-1　康乐部的组织结构图（独立成部）

2. 康乐部隶属于其他部门

如康乐服务在饭店中所占比重较小，则康乐部可隶属于其他部门，如餐饮部等，其组织结构如图6-2所示。

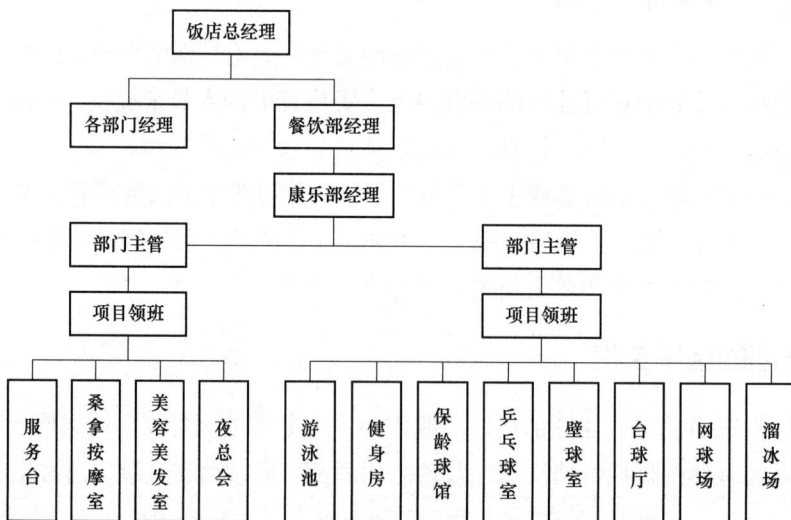

图 6-2　康乐部的组织结构图（隶属于餐饮部）

6.2 康乐服务的特点与流程

6.2.1 康乐服务的特点

康乐服务和饭店服务的特点具有许多共性，如热情好客、文明礼貌、耐心周到等，但由于职能的特殊性，康乐部还具有区别于其他部门的特点，具体表现如下：

1. 从业人员专业技术性较强

康乐项目具有专业性强、技术要求高等特点，因此要求相关的从业人员必须熟练掌握其所负责的康乐设施设备的性能、结构和特点，还要求掌握相关康乐项目的规则、比赛方式等，甚至还要掌握娴熟的运动技能。对于专业技术较强的岗位，如按摩师、游泳池救护员等，要求通过考试取得相应的职业资格证书。

2. 保护服务工作要求较高

由于康乐项目具有很强的专业性，因此，当一些康乐项目在顾客操作或使用不规范时，不仅不能给顾客带来康乐享受，反而会对顾客的人身安全造成损害。这种情况下，康乐服务中的保护服务工作就显得尤为重要。例如，游泳池的救生员要时刻注意泳池的情况，防止发生溺水事件。

3. 注重康乐设备、设施的维护保养

康乐设备、设施的使用效果一方面取决于产品质量本身，另一方面取决于日常的维护保养。定期、定时的精心维护和保养，不仅可以延长设施、设备的使用寿命，节约饭店成本；同时也可以为顾客提供良好的使用体验。

4. 服务的原则性和灵活性并存

康乐部的日常服务中，经常会遇到一些较为特殊的服务案例，如在健身房遇到不按规范进行运动的顾客等。遇到此类顾客，康乐服务人员既不可以迁就，又不可以强行拒绝和阻止。因此，在康乐部日常的服务培训工作中，要加强对康乐服务人员应变能力、语言技巧和处理突发事件能力的专项指导和训练，这样才可以保证康乐服务人员既能坚持一定的原则，又能灵活地处理各种特殊情况。

案例分析

"裁判"不好当

某饭店住客张先生和其朋友在饭店的乒乓球室打球，两人玩到兴起的时候便提出要比赛。于是找来了服务员小红做裁判。刚开始还好，后来有一个擦边球，小红没看清，就判了张先生的朋友得一分。张先生说这是个擦边球应该判自己得分的，但其朋友说不是，于是问小红这个到底算谁的。而小红没看清楚，于是说："我没看清楚，要不这个球不算吧？""没看清你就判？有你这么随便糊弄人的吗？"张先生生气地说。小红却觉得很委屈，自己又不是专业的裁判，哪会判得那么准啊？裁判真不好当！

思考： 你认为在这件事情上，康乐部服务人员小红的处理得当吗？你对小红有什么建议吗？

6.2.2 康乐服务流程

为了使顾客得到更好的服务体验，康乐部应以顾客需求为中心，针对每个项目设计相应的服务流程。总体而言，系统的康乐服务流程包括预订工作、岗前准备工作、接待工作、结账送别等环节。

1. 预订工作

为保证设施的合理利用和服务项目的及时提供，康乐部通常会向顾客提供预订服务。服务员接到预订后，应主动向顾客介绍相关场所、项目的设施和价格，询问并记录顾客的要求、人数、抵达时间、姓名等；复述确认后，应向顾客说明预订所保留的时间，并向顾客致谢。预订确认后，要立即通知有关服务员提前做好准备。如遇顾客所需的场地、项目已被预订，要主动介绍其他类似的场地、项目。

2. 岗前准备工作

1）仪容仪表准备

良好的仪容仪表是职业素养和工作态度的体现。服务员应按规定穿好工服，佩戴胸卡，整理仪容仪表；提前到岗，向领班报到；参加班前会，接受领班检查及分工等。

2）场地设备准备

场地设备准备具体包括：清洁整理场地环境，提前为场地通风换气；检查器械、设备是否处于正常工作状态；检查服务用品、其他客用品是否数量充足；对器械、设施、顾客用品进行消毒，使其符合卫生标准。

3）服务内容准备

服务内容准备包括：查阅预订信息，确保预订场地、服务项目的提供；查阅值班日志，了解上一班次服务员交代的其他未完成的工作；准备好各种营业表单。

3. 接待工作

1）热情迎宾

顾客到来时，服务员应面带微笑，主动热情问候，并询问顾客是否有预订。若有预订，则确认预订内容、办好相关手续后直接将顾客引领至预订的位置；若无预订，请顾客到服务台办理手续。如遇客满，则请顾客排队等候或为其安排其他康乐项目，并告知等候时间，为顾客提供茶水和书报杂志等。

2）协助顾客存放物品或租赁物品

如遇需脱衣摘帽的顾客，应主动帮其将衣帽挂在指定的衣帽架或送至衣帽间。接挂衣帽时，应提醒顾客收好现金及贵重物品；送至衣帽间的衣帽应填好寄存牌，并将下联留给顾客，作为提取的凭证。

3）提供项目指导或服务

在顾客体验康乐项目的过程中，服务员可视情况给初学者或初次体验者进行基本情况、注意事项的介绍。对于康体运动等技术性项目，可根据需要提供示范、陪练、记分等服务。在接待顾客过程中，适时询问顾客是否需要饮料、小吃或其他用品。

4. 结账送别

1）结账服务

顾客示意结账时，服务员应主动上前，将账单递送给顾客，收款后立即将单据及余款找还顾客，并向顾客致谢。对要求签单挂账的顾客，服务员应请其出示房卡并在账单上签字。

2）送别顾客

顾客离开时，服务员要主动提醒其不要忘记随身物品或寄存衣帽；送顾客至门口并礼貌地向顾客道别，欢迎其下次光临。

3）清洁整理

顾客走后，服务员要及时清洁场地及相关设施、设备，准备迎接下一批顾客的到来。

下班前要对负责区域进行全面整理，拔去所有电源插头，检查是否有未熄灭的烟头，进行最后巡视，确定无安全隐患后才可下班。

6.2.3　康乐服务常见问题处理

1．对于收费争议的处理

（1）应明确收费标准并提前告知

收费标准必须张贴在醒目的位置，以避免顾客结账时出现争执。注明收费标准时，必须注明计价单位，例如是按照标准场次收费还是标准时间段收费；同时附注如发生丢失、损坏、破损等意外时顾客所需赔偿的费用。

（2）对于争议应冷静处理

对于争议，服务员应心平气和地聆听顾客的意见，判断其意图。如果服务员无法处理，则可以请值班经理出面解决。处理过程中应注意观察顾客的态度，不要让顾客觉得难堪或下不了台。如果顾客消费金额很高，值班经理可以给予一定的折扣，让顾客觉得有面子而获取心理满足，并建立良好的客户关系。如果遇到拒单或无理取闹的顾客，可及时通知安保部来处理。

2．对于特殊顾客的接待

对醉酒的顾客或身体健康存在隐患的顾客（如患有皮肤病、红眼病等传染病的顾客），服务员应谢绝其进入康乐项目场地。

当发生顾客醉酒事件，在条件允许时，可以请顾客的朋友帮助将醉酒顾客扶入客房休息，以免影响其他顾客娱乐，并可送上一些能帮助顾客醒酒的饮料。如醉酒顾客开始骚扰其他顾客，服务员应进行劝阻，劝阻无效时，可报告值班经理或请安保部前来帮助解决处理。

3．顾客破坏设备、设施的处理

发现顾客破坏设备、设施，服务员首先应立即上前制止，如果个人无法控制局势，则迅速通知领班、安保人员到场。其次，保护事故现场，避免无关人员围观；同时检查受损设备、设施，并做好详细记录。然后，向有关部门查询受损设备、设施的价格，根据可修复情况，确定顾客的赔偿金额，并向顾客提出索赔。如果顾客同意赔付，陪同顾客到收银处缴纳罚款；如果顾客拒付，请值班经理出面协商。最后，及时向工程部报修；并将事情起因、经过及处理结果详细记录在值班日志上，以备日后查阅。

4．顾客遗失物品的处理

发现顾客遗失物品后，服务员首先应立即通知领班，并确认遗失物品是否为危险品（如易燃、易爆物，有剧毒物品），如怀疑物品为危险品，则通知安保部前来处理。其次，进行遗失物品登记。在第二人在场的情况下，将遗失物品的名称、形状、数量等特征详细记录在顾客失物认领单上。同时，注意寻找失物中如身份证、电话号码本等可以查询失主身份的物品。将顾客失物认领单同失物一起交由领班处理，如属贵重物品可在前厅收银处的保险箱寄存。然后，寻找失主。根据在失物中发现的线索或有关目击人提供的情况寻找失主。若无任何线索可等待失主前来认领。最后，交还失物。失主前来申领，要认真与其核对物品的名称、形状、数量等各种特征，经确认无误后，方可将物品交还申领人，并请失主在失物申领单上签字。如申领人为失主代领，则在确认后请失主发出授权证明传真，方可交还失物。

5. 康乐部员工的自我保护

1）住店顾客提出上房按摩

饭店一般不提倡服务员上房按摩，遇有顾客提出此类要求的，应礼貌邀请顾客到康乐中心按摩。如遇特殊情况，例如顾客伤病或过度疲劳等原因，先报告值班经理，经经理同意后，可安排一名同性按摩人员或两名异性按摩人员上房按摩。

2）按摩过程中遭遇顾客不轨行为

在按摩过程中，按摩师与顾客不可避免地要进行身体接触，因而应预防个别顾客的不轨行为。若发生此类情况，服务员应沉着、冷静，以和善的态度巧妙地转移顾客的注意力，终止事态发展，例如，提出"我帮您先去倒杯茶"或"您先翻转过来做腰部推拿"等。若遇到自己处理不了的情况，要及时报告值班经理，由其出面解决。当然，按摩室的环境氛围也很重要，按摩室应是一个光线适中、较为宽敞的房间，并悬挂必要的顾客须知，为工作人员和顾客提供一个文明、健康、优雅的环境。

3）顾客请服务员陪舞、陪喝酒、陪唱歌

出现这种情况，服务员应平静对待、婉言谢绝，并请示值班经理。值班经理应礼貌地首先向顾客表示道歉，告知由于工作关系，服务员无法抽身。同时，应根据现实情况判断顾客的意图，例如，老顾客介绍新顾客跟服务人员认识时，值班经理不必推辞，主动自我介绍后，象征性喝一杯酒表示敬意；当顾客唱歌走调示意服务员帮忙带唱时，服务员可以陪顾客唱一曲表示尊重。

6.3　康乐卫生与安全管理

6.3.1　康乐卫生管理的特点

康乐场所的卫生状况不仅影响饭店的形象、声誉和经济效益，而且关系到在此消费的顾客们的身体健康。所以，康乐场所的卫生工作在康乐部的经营活动中有着极其重要的地位，其特点主要有以下几个方面。

1. 工作量较大

康乐部项目比较多，设备数量多，而且设施、设备与顾客接触多，这是康乐部卫生工作量大的表现。所有与顾客密切接触的项目设备都应及时进行清洁、消毒，以保证顾客接触的项目设备符合卫生标准。

2. 卫生工作重复率较高

使用康乐项目的顾客流动量大、设备使用频率高，一些设备每更换一位顾客就要求进行一次卫生清洁。例如，按摩和美容美发设备，同样的卫生清洁工作每天要多次重复；按摩与桑拿的顾客衣裤则是一客一用。

3. 项目之间差异较大

康乐项目有游泳、棋牌、台球、保龄球、高尔夫、网球、壁球、美容美发、水疗以及歌舞厅、健身房、游艺厅等，各个项目对卫生要求差异较大。例如，游泳、水疗对水质要求很高；保龄球、沙狐球要求球道经常除尘和打磨；乒乓球要求桌面洁净；台球要求桌面除尘；健身房要求设备干净、整洁等。

6.3.2 康乐卫生管理的制度

康乐场所卫生管理制度具体包括"三清洁"制度、消毒制度、灭虫害制度和监督检查制度等。

1. "三清洁"制度

康乐场所卫生实行"三清洁"制度，即班前小清洁、班中随时清洁和班后大清洁，部分区域实行计划卫生制度和每周大清理制度。

2. 消毒制度

康乐场所要保持空气流通。对于客用设施、设备要严格按照标准进行消毒。公用杯具、毛巾、浴巾、按摩巾等做到一客一换一消毒，每位顾客用后必须严格按照一洗一二过一三消毒一四冲洗一五烘干（晾干）的程序进行清洗消毒。用于用品用具清洗消毒的洗消药械必须符合国家有关卫生要求。游泳池池水消毒应根据《游泳池水质标准》（CJ/T 244—2016）等的要求，选用氯消毒或无氯消毒方式，氯消毒控制游离性余氯达到 $0.3\sim1.0$ mg/L；无氯消毒保持过氧化氢的余量达到 $60\sim100$ mg/L。更衣室也需每天进行消毒，可以使用紫外线消毒或化学药剂消毒。

3. 灭虫害制度

康乐场所要定期做好灭蚊、灭蝇、灭鼠、灭蟑螂工作，防止虫害、鼠害进入顾客和员工活动区域。对于飞虫类可以使用灭虫灯，室内区域灭虫灯的规格和设置数量均必须保证覆盖室内所有区域；对于爬虫类主要通过及时修补墙面、地面裂缝杜绝爬虫栖息，定期喷洒药物等方式进行预防和消灭；对于鼠类可以安装挡鼠板、放置捕鼠夹等。虫害灭除是个长期、系统的工程，如果不能控制，可聘请专业公司进行消灭。

4. 监督检查制度

康乐卫生工作既取决于每位服务员的日常努力，同时还要借助监管的力量进行保障。康乐部主管应每天对所负责康乐场所的卫生消毒情况进行检查，如发现有违规行为和现象，应按有关规定给予处理。康乐部经理对部门所辖区域的卫生负有最终责任，必须定期开展全面检查。

6.3.3　康乐安全管理的目标

1. 保障顾客的安全

保障顾客的安全是安全管理的主要任务。一般来说，顾客的安全主要体现在以下三个方面：

1）人身安全。即保障顾客的人身不受侵害，这是顾客最起码的生理要求。造成顾客人身伤害事故的因素有社会环境、自然灾害、公共治安、康乐设备设施安装不当以及火灾、食物中毒等。

2）财产安全。顾客随身携带的物品，一般需要寄存，应妥善为他们保管好。

3）安全感。所谓安全感，实际上就是顾客对环境、设备设施、服务的一种信任感。有时顾客的人身未受到伤害，财产也未损失，但有一种不安全感、一种恐惧心理，主要表现在康乐设备安装得不合理或不牢固；收费不合理，价格不公道，使顾客有被"宰"的感觉；服务人员服务不当；气氛过于紧张，如"禁止通行""闲人莫入"等标语，保安人员的表情严肃、态度生硬等；缺乏必要的防盗和消防措施。

2. 保障员工的安全

保障员工的安全是康乐部业务经营活动正常进行并取得良好效益的基本保证。它包括三个方面的内容：

1）保障员工的人身安全。保障人身安全是员工作为劳动者的基本权益，康乐部要为员工提供安全的工作环境和相应的安全保障制度。

2）保障员工的合法权益。因为康乐部遵循"顾客至上"的服务宗旨，因此，在工作中员工难免会受到各种委屈及某些顾客的不敬。作为管理人员，必须坚持依法办事，主持公道，保障员工的合法权益不受侵犯，人格不受侮辱。

3）保障员工的思想不受污染。康乐服务的对象较复杂，各色各样的人都有。顾客的到来，给企业带来了收入，但难免也会带来一些不良的影响，这就不可避免地会对员工的思想产生某些负面作用。如果不加以控制，则会造成严重的后果。

3. 保障康乐场所的安全

康乐部应客观评估康乐场所的风险，集中针对火灾、水淹等隐患采取预防措施。针对火灾隐患，康乐场所尤其是 KTV 包厢等空间的建设、装修应注意使用防火材料；定期开展电线线路检修，防止因线路老化等原因造成短路引发火灾；控制明火使用和吸烟行为等。针对水淹隐患，应对地势低洼地区，如地下游泳场馆等采取避免雨水倒灌等措施。此外，康乐场所还应制订相应措施，维护康乐场所秩序，针对顾客酗酒、闹事等行为进行有效预防和制止。

6.3.4　康乐安全事故的类型

1. 设施设备故障造成的事故

1）设施设备质量方面

许多大型游乐设备在设计时就存在质量问题，尤其是无证生产的设备，所以在选购时，一定要选择正规生产厂家的设备。

设施设备的安全隐患主要有两个方面：一方面是电器绝缘性能太差，并且电源线不带保护地线，因而很容易发生事故；另一方面，一些设备的外观非常粗糙，棱角处的装饰条和螺钉等有毛刺或表面尖锐锋利，很容易划伤顾客。

此外，康乐项目场地的地面应采用具有较强防滑性能的瓷砖，以防止顾客滑倒、摔伤。

2）设施设备保养维修不到位

康乐设施设备在长期使用过程中，会出现磨损，若不定期保养或及时维修、淘汰，也可能引发安全事故。

2. 顾客使用方法或活动方式不当造成的事故

1）准备活动不充分

有许多康乐项目是由运动项目转化而来的，有些活动比较剧烈，因此在进行这些运动之前，应当先做好准备活动，否则可能会出现拉伤、扭伤等问题。

2）身体情况欠佳

顾客在身体情况欠佳时，应当注意不要参与危险性和刺激性强的项目，也不要参加较剧烈的运动。

3）技术水平欠佳

有的顾客运动水平欠佳，因而动作协调性、运动持久性都很有限，在这种情况下，出现意外事故的概率就相对大一些。再加上人们在康乐场所的环境里都比较兴奋，往往忽视安全，使意外事故的概率进一步加大。

4）未按操作规定控制设备

操作规定是根据机器设备的性能特征和安全要求制定的，有的顾客在使用设备时比较随意，不按操作规定去做，这就很容易引发安全事故。

3. 管理和服务不到位造成的事故

1）保护不当

一些康乐项目的运动量很大，并且存在一定的不安全因素。为了减少或消除这些不安全因素，在进行康乐活动时，应该采取适当的保护措施，以避免出现安全事故。

2）操作失误

有的项目需要服务员按照严格的要求操作，以尽可能地避免发生严重伤害事故。

3）维持秩序不当

一般的康乐项目有很多人共同参与，这就需要制订相应的游艺规则并维持良好的活动秩序，一些带有危险性的活动更应如此，如小赛车、水上摩托、水滑梯等项目。如果维持秩序不当，撞伤事故会较多、较严重。

4）提示不及时

在容易出现安全事故的地点或时间，应该由服务员经常提示顾客，以降低发生事故的概率。

4. 治安管理不善和消防管理不善造成的事故

1）打架斗殴

引起斗殴事件的原因有两种：一是来康乐场所消费的人群比较复杂，有时会有一些喜欢滋事的流氓混入其中，这种人有时会寻衅闹事；二是顾客当中有个别人好出风头，常为一点小事就与别人争长论短，出言不逊，也有的顾客酒后到康乐场所消费，这些人往往精神亢奋，缺乏理智，容易与别的顾客发生口角甚至斗殴。

2）失窃事故

在康乐场所，特别是向社会开放的康乐场所，很容易发生丢失物品的现象。一方面，由于参与康乐活动的顾客在兴高采烈的时候，容易忽略所带物品，无意间将物品丢失；另一方面，这种公共场所也是小偷经常光顾的地方，因为在这种地方顾客与他们所带的物品会有分开的时候。

3）消防事故

康乐场所由于顾客流量大，且人员成分复杂，更应加强消防安全管理，否则后果将是非常严重的。康乐场所发生火灾的直接原因主要包括顾客乱扔烟头、电器过热、电器使用不当等。

6.3.5 康乐安全事故的预防与处理

1. 康乐安全事故的预防

1）定期对康乐设施设备进行保养维修

康乐部的设施设备随着使用时间的增加会出现老化、运转状态变差等情况，这些都是导致发生安全事故的潜在因素，所以必须规定饭店康乐部要定期对设备进行保养，保持设备良好的工作运转状态。同时，如果设备在运转过程中发生各种故障，使其不能正常工作，此时就需要及时进行维修，对磨损部位进行修复，使其恢复正常功能和运转，保证安全性。

2）主动向顾客提供技术服务与技术指导

康乐部的服务人员应熟练地操作、使用本部门（如健身房、游泳池、保龄球馆等）的各种设施设备，了解其性能、结构、特点和使用注意事项，以便为顾客提供器械使用指导和操作服务，以防止顾客因不恰当的操作而造成伤害。

3）掌握运动伤害防护与急救的知识

在康乐部，有时会因为设施设备的操作不当、顾客自身运动方式及运动时间不当、不按规则运动以及康乐管理出现疏忽等原因，造成顾客身体伤害。康乐部的服务人员应掌握运动伤害防护与急救处置的知识，以保证当顾客出现意外情况时，能及时进行施救和采取应对措施。

4）加强对场所与顾客的安全控制

饭店康乐部各场所人员比较分散，顾客在活动时容易放松对自己财务的保管，从而造成财务丢失。为此，服务人员应严格执行康乐场所的安全规定，提醒顾客注意保管好私人物品，并做好现场的巡视和防盗工作。

5）提高防火安全意识，加强现场巡视

康乐部的服务人员应熟悉各种防火设备的配置位置以及各种消防器材的使用方法，日常加强对各类消防器材的检查与维护，同时应在康乐场所加强巡视，及时制止顾客的不安全行为，消除安全隐患，避免火灾事故的发生。

6）提高应急处理能力

康乐场所的人员比较复杂，经常会出现一些突发事件，如顾客因酗酒而引发斗殴等。因此，服务人员应具备较强的应变能力，能及时对突发的治安事件做出反应，减少饭店与顾客的损失。

2. 康乐安全事故的应急处理

1）顾客意外受伤处理

（1）安抚顾客并检查顾客受伤程度。发现顾客受到意外伤害后，立刻帮助受伤顾客移至安全位置。向顾客表示歉意，查验顾客伤势并尽量安抚顾客。如情况紧急（发生顾客溺水、骨折事件），服务员应利用已有急救知识立即进行抢救。

（2）通知医务室和领班，并维护现场秩序。将顾客受伤经过和伤势迅速告诉医务室和领班。征询顾客意见或视当时具体情况来决定是否到医务室治疗。维护现场秩序，避免其他无关人员围观。

（3）送顾客到医务室。如需要将顾客送至医务室，需通知大堂经理到场，由大堂经理组织人员护送顾客并安排人员留守。

（4）将事故经过记录下来。将事故发生的经过和处理结果详细地记录在值班日志上，以备日后查阅。

🔵 **知识链接**

心肺复苏是溺水后急救的主要措施

一旦发生溺水，救援上来后，是应该先控水还是先做心肺复苏？如果是溺水后呼吸心跳停止的患者，当务之急是立即心肺复苏而非倒挂控水。因为控水的过程排出的是喝进胃里的水，肺里的水无法控出。绝不能因为控水而造成心肺复苏的延误。研究显示，一般呼吸停止后如果超过 8 分钟再抢救，成活率只有不到 10%。因此，对于溺水心脏骤停者，争分夺秒的心肺复苏及早期除颤[使用自动体外除颤器（AED）]才是有效的急救方式。

抢救呼吸心跳停止的溺水者，整个过程由呼救120、心肺复苏、体外除颤、急救人员到场专业施救、医院高级生命支持五个环节构成。五环环环相扣，前三环都可由现场施救者来完成，如果现场施救者用的是错误的方式会直接延误抢救时机。

心肺复苏的正确方式是：将手掌放在溺水者的胸部中央，胸骨的下半部上（约为两乳头连线的中点），另一只手的掌根重叠放于第一只手掌上，肩、肘、腕关节成一直线，利用身体的力量，以每分钟100～120次的速率进行按压，要使成人的胸骨下压5～6厘米，这样可以促使心脏排血到心、肺、脑等重要器官。如果是儿童，按压的深度为胸廓厚度的1/3，大约5厘米，较小的儿童可以用一个手掌按压；如果是几个月大的婴儿，则用两根手指垂直按压两乳连线稍下方，使胸廓下降1/3，大约4厘米就可以。按压过程应注意向下垂直用力不要左右摆动；按压时不能冲击或猛压；下压与向上放松的时间应相等；向上放松时手掌不可离开胸骨定位点；全程保持按压节奏平稳进行，不能间断。心脏按压30次后立即通过仰头抬颏法打开气道进行人工呼吸，施救者在打开气道的同时应捏住患者鼻子，口对口包住嘴巴，吹气2口。每次吹气量不要过大或过小，范围在700～1 000毫升为宜，即以明显地看到胸部隆起即可。循环按压和通气以30:2方式进行。心肺复苏不要擅自停止，一般应持续进行到专业急救人员或自动体外除颤器（AED）到达。AED一旦到达，立即开机按AED的提示操作，因为每提早1分钟除颤，心肺复苏的成功概率就能增加7%～10%。

2）治安事故应急处理

（1）主动巡查，注意疑点。服务员在服务中应经常巡查，仔细观察，发现可疑的人应采取继续观察、主动服务等方式，进一步了解和掌握情况。

（2）发生事故，尽快报案。一旦发生治安事故，服务员应马上向本部门报告，情况严重时，可立即直接向安保部报案，然后再向本部门汇报。

（3）紧急情况，及时处理。有些事故应立即采取紧急措施，以免事态扩大，造成更大损失，也便于制止毁坏公共财物，阻止小偷行窃等。

（4）采取措施，保护现场。遇有重大案件发生，服务员在报案后应注意保护现场，以便于保安部或公安部门侦破案件。在公安部门侦破案件过程中，服务员应实事求是地主动反映情况，提供线索。

3）营业场所火灾处理

（1）维护现场秩序，判明火灾形势。服务员要保持镇静，要稳定顾客情绪，维持现场秩序，避免顾客因慌乱而发生踩伤、挤伤的事故。迅速判明起火位置和火势，准备备用照明用具。

（2）报警。迅速用电话通知消防中心、总机等岗位，报告起火时间、地点、火情、燃烧物质及报警人等情况。

（3）组织顾客撤离现场。服务员应立即组织顾客安全、有序地撤离火场，确保顾客生命安全。

（4）根据火情采取相应处理措施。如火势不大，服务员应就近使用灭火设备扑灭火灾。如火势较大，服务员应在外围维持秩序，阻止无关人员闯进火场。

（5）编写火灾报告。将起火过程和火灾处理过程做详细记录，并呈报上级。

复习与思考

一、名词解释

康体运动类项目　休闲娱乐类项目　保健养生类项目

二、填空题

1. 康乐部的业务类型包括＿＿＿＿、＿＿＿＿、＿＿＿＿。

2. 康乐服务的流程包括＿＿＿＿、＿＿＿＿、＿＿＿＿、＿＿＿＿。

3. 康乐场所的卫生实行"三清洁"制度，即＿＿＿＿＿＿、＿＿＿＿＿＿和＿＿＿＿＿＿＿。

4. 康乐安全管理的目标是＿＿＿＿、＿＿＿＿、＿＿＿＿。

三、选择题

1. 下列选项中不属于康体运动类服务项目的是（　　　）。

A. 游泳　　　　　B. 室内攀岩　　　　C. 飞镖　　　　D. 电玩游戏

2. 下列选项中属于休闲娱乐类服务项目的是（　　　）。

A. KTV 服务　　　B. 桑拿浴服务　　　C. 水疗服务　　　D. 保健按摩服务

3. 康乐服务的岗前准备工作不包括（　　　）。

A. 仪容仪表准备　　　　　　　B. 设施设备准备

C. 预订准备工作　　　　　　　D. 服务内容准备

四、简答题

1. 简述康乐部的主要任务。

2. 简述康乐服务的特点。

3. 简述康乐卫生管理制度主要包括哪些内容。

4. 简述康乐安全事故的应急处理。

第 7 章

饭店营销管理

▶ 知识结构导览图

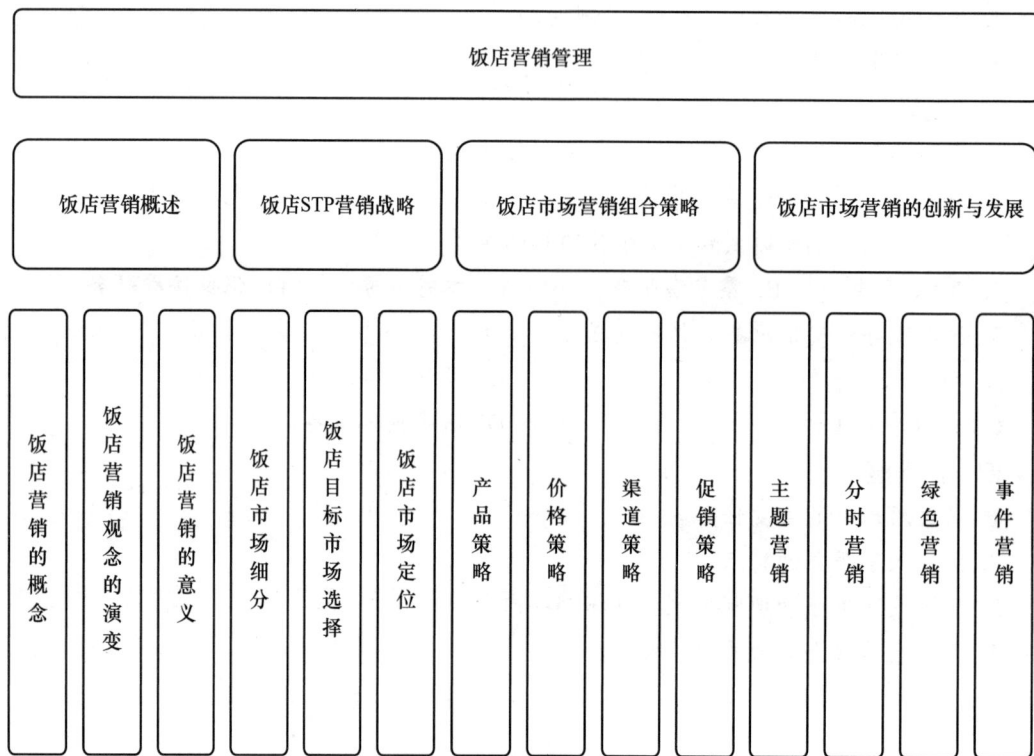

饭店营销管理

饭店营销概述	饭店STP营销战略	饭店市场营销组合策略	饭店市场营销的创新与发展

饭店营销的概念	饭店营销观念的演变	饭店营销的意义	饭店市场细分	饭店目标市场选择	饭店市场定位	产品策略	价格策略	渠道策略	促销策略	主题营销	分时营销	绿色营销	事件营销

▶ 学习任务与要求

1. 了解饭店营销观念的转变，理解饭店营销的概念，掌握饭店营销的意义；

2. 理解饭店市场细分的概念和方法，掌握市场细分的意义；

3. 了解饭店目标市场的概念，理解目标市场的评估方法，掌握目标市场的选择策略；

4. 理解饭店市场定位的概念，掌握饭店市场定位的策略；

5. 了解饭店营销组合的概念，理解 4P 营销组合策略；

6. 理解饭店市场营销的发展趋势。

引入案例

每年 12 月至来年 1 月中旬，澳大利亚墨尔本饭店业进入传统淡季。如何吸引客人入住，成为每家饭店都要遭遇的大难题。Art Series 饭店集团在墨尔本拥有 3 家艺术主题饭店，均以澳洲本地著名艺术家命名。思虑再三，Art Series 决定在现有的艺术这一主题上做文章：邀请住客来"偷"名画！希望以此达到出其不意，制造热点话题，引爆关注热潮的效果。自他们在媒体上大造声势"饭店里有街头艺术家 Banksy（注：英文著名街头艺术家班克斯）一件价值 15 000 美元的画作，如果你能偷走又不被人发现，它就是你的"之后，此活动迅速引发热烈反响。

当然，"偷盗"从来都不会那么简单，你得先找到那幅画——它被轮流放在 3 家饭店中的一家。第一幅被偷的画作是班克斯的《没有球赛》，一位名叫茂拉·图霍的女性假扮成搬运公司的雇员将画顺利"骗"走。而随后补位的出自"低俗小说"系列的一张价值 4 300 美元的版画始终无人能成功偷走。最终 Art Series 将其捐赠给了一个关注公共安全的慈善组织——Crime Stoppers Victoria。

这个营销活动产生的轰动效应及持续的关注度是其成功的关键。通过策划吸引人眼球的偷画活动，突出重围，在业界淡季掀起一番巨浪。同时，为了让关注度持续，Art Series 的办法是：诉诸社会化媒体，不放过任何一个能吸引眼球的机会，通过社交媒体将每个失败者的"犯罪"过程不断爆料出来，引发网民的持续关注，不仅扩大了品牌影响力——680 万次推特、10 万次网站浏览量；更收获了实实在在的销售增长：短短 4 周内房间预订量便已超过了 1 500 间。

思考： 此案例中的 Art Series 饭店集团采用的营销方式有哪些？饭店的传统营销理念和新型营销理念分别包括哪些内容？

7.1 饭店营销概述

饭店营销是饭店经营活动的重要组成部分。它始于饭店提供产品和服务之前，贯穿于饭店经营的一切业务活动中，最终帮助饭店实现预设的经营目标。随着饭店市场竞争的日趋激烈，饭店营销工作的重要性愈发凸显。

7.1.1 饭店营销的概念

1. 饭店市场的概念

饭店市场是指饭店产品或服务的现实购买者与潜在购买者的总和。所谓现实购买者是指既有购买意愿又具有支付能力的人；潜在购买者是指可能具有购买意愿和支付能力的人。

饭店的一切营销活动都是围绕市场展开的，市场是饭店营销的基础。因此，判断饭店市场的规模是进行饭店营销的重要前提。根据上述概念，可以总结影响饭店市场规模的三个要素：一是市场的人口数量；二是购买意愿；三是支付能力。三者相互作用，缺一不可。首先，市场人口数量是形成饭店市场规模的基础，人口越多，市场潜力越大；人口越少，市场潜力越小。其次，购买意愿是形成饭店市场规模的重要前提，缺乏购买意愿的市场即使人口数量再大、支付能力再强，充其量只能算是潜在市场。饭店需要通过激发购买意愿，才有可能将人口和支付的潜力引导到现实市场上来。最后，支付能力是形成饭店市场规模的关键因素，没有足够的支付能力去实现购买意愿，也同样不能形成现实市场。

2. 市场营销的概念

市场营销的概念繁多。美国市场协会认为市场营销是引导商品或劳务从生产者到达消费者或使用者手中的一切企业经营活动。这一概念强调了市场营销的根本目的是销售。美国学者斯坦顿（Stanton）在此基础上，进一步突出了市场营销在满足消费者需求方面的功能，认为市场营销是在适当的时机和地点，利用正确的沟通方式与促销方法，使适当的商品及劳务满足现在和未来顾客的需求。美国学者马尔康·麦克纳尔（Malcolm Macnair）则进一步发掘了市场营销的社会意义，认为市场营销具有创造和传递新的生活标准给社会的能力。

从上述概念来看，市场营销的内涵丰富。但从根本上来讲，市场营销摆脱不了其根本的目的，即"销售"。因此，简单来说，市场营销就是这样一个过程：了解或创造顾客需求，使产品尽可能满足这些需求；劝说顾客满足自己的需要；当顾客愿意购买该产品时，保证购买方便。当然这个过程是需要经营者经过事先的详细市场调研，并综合产品、价格、渠道、促销等策略而进行系统谋划的一系列工作。

3. 饭店营销的概念

饭店营销是指在满足顾客需求的前提下为使饭店盈利而进行的一系列有计划、有步骤、有组织的经营、销售活动。从上述概念可知，饭店营销的最终目的是为饭店盈利，但是满足顾客需求是其重要前提。因此，饭店在营销过程中，需要调研顾客的消费需求，确定饭店目标市场，并且设计、组合、创造适当的饭店产品，以满足饭店市场的需要。

7.1.2　饭店营销观念的演变

随着社会的发展，饭店营销观念也在不断地发展，纵观其演变过程，主要经历了生产观念、产品观念、推销观念、市场营销观念和社会营销观念的转变。

1. 生产观念

生产观念认为："我的饭店能提供什么，就销售什么"。饭店的所有经营活动都围绕生产而进行，强调饭店产品的生产，而不考虑顾客的要求和需求。相应地，饭店经营者主要考虑如下一些问题：

（1）如何生产和提供更多的产品来获取利润；

（2）如何降低成本，参与竞争；

（3）如何提高饭店员工的工作效率。

这是一种建立在卖方市场基础上的"以产定销"的思想，其后果是过分强调生产而忽视顾客的需要和要求，只适合饭店市场中严重供应不足的地区和城市。

2. 产品观念

产品观念认为："顾客喜欢良好的设施和优质的服务，因此，饭店工作的核心是提供良好的设施和优质的服务。"产品观念是典型的质量中心论，"酒香不怕巷子深"是其观念的集中表现。与生产观念相比，产品观念无疑是一种明显的进步，因为它毕竟考虑了顾客对于产品质量、性能、价格等方面的需求和愿望。然而，产品观念仍旧是执着于自己的生产环节，对于销售环节的关注不足，最终将影响饭店的收益。

3. 推销观念

当饭店市场供过于求时，推销观念应运而生，代替了生产观念与产品观念。饭店一方面增加设施、改进服务，另一方面开始组织专门人员进行产品推销。相比产品观念的"等客上门"，推销观念在销售方面给予了更多重视。饭店经营者把经营重点从生产转向销售，组建专门的推销队伍，研究专业的推销技术，以刺激顾客购买本饭店的产品。但是推销观念过于强调"我推销什么，顾客就会买什么"，其利益出发点主要集中在饭店自身利益，缺乏对于顾客需求的进一步关注。在这种情况下，推销员的努力并不能保证给饭店带来更多的客源与利润。

4. 市场营销观念

市场营销观念主张"顾客需要什么，我就生产什么，销售什么。"饭店经营者首先考虑的不是饭店有什么可供销售，而是客人对饭店有哪些需求。了解顾客需求，努力满足这些需求成为市场营销的核心任务。因此，饭店经营者需要准确确定目标市场的需求，并且比竞争对手更为有效地传送目标市场所期望的产品或服务。这种观念是以顾客需求为出发点，以顾客满意和企业获利为最终目标，立足点为"以销定产，适销对路，产销结合。"相较于生产观念、产品观念和推销观念，市场营销观念的出现是企业经营思想的一次质的飞跃。

5. 社会营销观念

社会营销观念认为："置身于社会整体中的饭店和其他任何企业一样，不能孤立地追求一己的利益，而必须使自己的行为符合整个社会与经济发展的需要，力求在创造饭店经济效益的同时，能为整个社会的发展做出贡献，创造社会效益。"社会营销观念立足于统筹、协调、可持续发展理念，倡导企业目标的实现应兼顾企业、顾客以及社会三方的利益，并努力谋求三者利益之和的最大化。近年来，绿色饭店经营理念的出现实际上就是社会营销观念的一种表现。

7.1.3 饭店营销的意义

1. 可以使"无形"的服务有形化

饭店营销主要围绕饭店产品进行，而饭店产品的核心是服务，具有无形的特点，顾客在首次购买饭店产品之前无法触及或感受到它们。饭店通过开展营销活动，可以充分借助有形证据，如环境布置、设施设备、人员形象、服务项目等的展示和介绍，使顾客增加对饭店无形服务的感知和信任。

2. 可以实现"不可储存"的产品的时间效用

饭店产品是一种过期作废的产品，当天的产品卖不出去，当天的效用也就失去了，并且以后也无法再挽回。在这方面，饭店可以通过营销活动来协调供给与需求的关系建设饭店产品的"报废率"，例如销售量时消费的"钟点房"提高客房利用率；在傍晚以后降低房价提高出租率；在淡季采取优惠价格吸引顾客等。

3. 可以将"不可移动"的产品"推"出去

饭店产品依附于饭店建筑，具有不可移动、不可运输等特点，顾客在消费之前通常无法实地感知。针对这一特点，饭店可以借助网络营销等方式，通过视频短片、图文介绍、客服咨询、顾客评价展示等，促进顾客进行消费决策。

4. 可以助力饭店产品规模化生产

单体饭店由于建筑容量所限，接待能力无法实现规模扩张。实行连锁经营、组建饭店联盟等是扩大饭店市场规模的重要途径。在这个过程中，饭店品牌营销、市场开发、客户关系管理等都离不开饭店营销工作。

7.2　饭店 STP 营销战略

STP 营销战略由市场细分（market segmentation）、目标市场（market targeting）、市场定位（market position）三部分组成。饭店 STP 营销战略是指饭店在一定的市场细分的基础上，确定自己的目标市场，并在目标市场上塑造和传递其独特的产品形象以满足顾客需求并获得竞争优势的一系列过程。

7.2.1　饭店市场细分

1. 饭店市场细分的概念

饭店市场细分是指饭店按照某种标准将市场上的顾客划分成不同类型的消费者群体，每个消费者群体就是一个细分市场，不同细分市场之间，需求存在着明显差别。饭店市场细分致力于从顾客需求的差别中，寻求和发掘某些共同或相关的需求因素。这样，可将一个错综复杂的市场划分为若干个细分市场。市场细分是选择目标市场的基础。

2. 饭店市场细分的作用

1）有利于饭店发现市场机会

市场机会是指已出现于市场但尚未被满足的需求。这种需求是潜在且易被忽略的。饭店通过市场细分，可以深入了解不同细分市场中顾客的不同需求，可以发现哪些需求已经得到满足，哪些需求只满足了一部分，哪些需求未被满足。

2）有利于饭店开发适销对路的产品

饭店通过市场细分，可以更容易找准目标市场，在此基础上，根据目标市场的需求特点，确定产品结构，设计出适销对路的产品，增强市场吸引力。

3）有利于饭店提升经济效益

任何饭店的人力、物力和财力都是有限的。通过市场细分，饭店可以把优势资源集中在目标市场上使其发挥更大的效益。

4）有利于饭店增强竞争力

饭店通过市场细分不仅可以识别自己的目标市场，同时也可以辨别竞争对手的目标市场，从而确立竞争优势。

3. 饭店市场细分的方法

将消费者市场分割成不同的购买群体需要依据一定的标准（变量），这些变量对细分出来的消费者市场的营销有很大的意义。饭店从这些变量中可以分析出相应购买群体相同的消费需求，帮助饭店进行有针对性的营销。

1）地理变量细分法

地理变量细分法是根据顾客所在的地理位置、自然环境等变量进行市场细分。比如，根据国家、地区、城市规模、人口密度、气候、地形等方面的差异将整体市场分为不同的小市场。饭店将地理变量作为市场细分方法的原因是地理变量影响顾客对饭店产品的需求。例如，中国的顾客往往希望饭店能提供饮用热水，而西方的顾客则偏好冰水、直饮水。

2）人口变量细分法

人口变量细分法是根据人口统计变量，如年龄、性别、家庭规模、职业、收入、宗教信仰、受教育程度、种族等变量进行市场细分。饭店顾客的需求、偏好与人口统计变量有着密切的关系。比如，只有收入水平较高的顾客是高档饭店的主要客源。再比如，年轻人喜欢追求新鲜的经历和感受，喜欢下榻有创意的饭店；而年长者更关注情感需要和安全保障。人口统计变量比较容易衡量，有关数据容易获取，是饭店常用的市场细分依据。

3）心理变量细分法

心理变量细分法是根据顾客的心理特征、个性爱好、购买动机等变量进行市场细分。例如，顾客选择饭店的动机差别很大，可能仅仅是出于解决基本温饱问题的生理动机，也可能是为了休闲放松的保健动机，或者是彰显身份与地位的社会动机等。

4）行为变量细分法

行为变量细分法是根据顾客对饭店产品的购买数量、购买频率、购买方式、购买时机等变量进行市场细分。根据顾客的消费行为可以区分出不同类型的顾客市场，例如，常住房顾客（合同顾客）、品牌忠诚顾客、团队顾客、零散顾客、网络购买顾客、淡旺季顾客等，他们的购买行为直接反映相应细分市场对饭店产品的偏好和需求规模，方便饭店更有效地采用不同的营销策略满足他们的需求。

7.2.2　饭店目标市场选择

1. 饭店目标市场的概念

饭店目标市场是指饭店即将进入的市场，是在市场细分的基础上，结合自身的资源特点而选定的一个或多个细分市场。饭店不可能把所有的顾客都作为自己的营销对象，所以通过目标市场的选择，可以将优先的资源和精力集中在最能增加饭店利润的顾客身上。

2. 饭店目标市场评估

目标市场是饭店决定要进入的市场，选择哪些细分市场进入，就需要对这些细分市场进行评估。一般而言，饭店考虑进入的目标市场应符合以下的标准和条件。

1）市场的规模

饭店进入某一市场是期望能够有利可图的，如果市场规模太小或者趋于萎缩，饭店是难以获得发展的。

2）市场的增长潜力

饭店评估某细分市场是否值得经营或进入，不仅要评估其静态的规模，还要分析其动态的发展。一些细分市场虽然当时规模有限，然而其预期增长水平可能较高。例如，相关研究显示，至 2030 年，女性国际商务旅行者的数量有望增长 250%，其中亚太地区是主要的增长区域，针对这一趋势，以日本为代表的一些国家的饭店业及时跟进，推出女士专享客房，提供舒适、惬意的住宿体验。

3）市场的饱和程度

市场的饱和程度反映的是市场的供求状况和竞争状况。饭店在选择目标市场时，应尽力避开具有过多竞争对手的细分市场，尽量选择未饱和市场，即尚处于供不应求、竞争尚不激烈或未被竞争对手控制的市场。未饱和的目标市场可以使饭店充分利用资源，发挥优势，开发新产品，满足顾客需求。

4）饭店的经营水平和接待能力

目标市场的选择应与饭店的经营水平和接待能力相匹配，并且最好能使饭店在该市场具有一定的优势。超出饭店经营水平和接待能力的目标市场，对于饭店是不具有现实意义的。

3. 目标市场选择策略

饭店可考虑的目标市场选择策略有以下五种。

1）市场集中化

市场集中化，是指饭店仅选择一个细分市场，经营一种产品。例如，养老型饭店，这种类型的饭店只选择老年人市场，并且只提供以养老服务为核心的饭店产品；再如青年旅舍，主要针对年轻背包客，提供自助或半自助式住宿服务。

2）市场专业化

市场专业化，是指饭店经营不同类型的产品以满足某一细分市场的需求。例如，专门针对情侣而设计开发的各种情侣酒店。

3）产品专业化

产品专业化，是指饭店经营单一种类的产品，服务于数个不同的细分市场。例如，地中海俱乐部（club med）专业经营一价全包式度假产品，旗下度假村遍布世界各地，其品牌俨然成为一价全包式度假产品的代名词。

4）选择专业化

选择专业化，是指饭店选择若干个细分市场，并为这些细分市场提供不同的产品。这些细分市场在客观上都有吸引力，并且符合饭店的目标和资源，但各细分市场之间很少或根本没有任何联系，然而每个细分市场都有可能盈利。这种多细分目标市场可以分散饭店的经营风险。例如，饭店同时面向公司客户、旅行社团队、散客等提供服务。

5）市场覆盖化

市场覆盖化，是指饭店或饭店集团以不同的产品和营销组合满足各细分市场的需要。例如，某饭店集团在经济发达地区经营高星级商务饭店和长住型饭店；在经济欠发达地区经营经济型和三星级商务饭店；在各景区经营不同级别的度假饭店和会议饭店等。这种选择范围适合有经济和管理实力的饭店集团。

7.2.3 饭店市场定位

1. 饭店市场定位的概念

饭店市场定位是根据竞争者现有产品在市场上所处的地位和顾客对产品某一特征或属性的重视程度，努力塑造本饭店与众不同的、特色鲜明的形象，使饭店在市场上确定强有力的竞争地位。简而言之，市场定位就是要设法建立一种竞争优势，以使饭店在目标市场上吸引更多顾客。饭店市场定位的实质是使本饭店与其他饭店有所区别，使顾客明显感觉和认识到这种差别，从而在顾客心目中占有特殊的位置。如果说市场细分的目的是让饭店找到自己的顾客，那么市场定位就是让饭店赢得顾客的心。

2. 饭店市场定位的过程

1）确立饭店特色

饭店市场定位的出发点和根本目标是确定饭店的特色。首先要了解市场上竞争者的定位如何，他们提供的产品或服务有什么特点。其次，要了解目标顾客对饭店产品各属性的重视程度。显然，费大力气去挖掘那些与目标顾客关系并不密切的产品属性是多余的。最后，还得考虑饭店自身的条件。有些饭店产品属性，虽然是顾客比较重视的，但如果饭店力所不及，也不能成为饭店市场定位的目标。

2）树立市场形象

饭店所确定的特色是饭店有效参与市场竞争的优势，但这些优势不会自动地在市场上显示出来。要使这些独特的优势发挥作用，影响顾客的购买决策，还需要以饭店的特色为基础，树立鲜明的市场形象，通过积极主动而又巧妙地与顾客沟通，激发顾客的注意与兴趣，求得顾客的认同。有效的市场定位并不取决于饭店怎么想，关键在于顾客怎么看。市场定位成功的最直接反映就是顾客对饭店及其产品所持有的态度和看法。

3）巩固市场形象

顾客对饭店的认识不是一成不变的。竞争者的干扰或沟通不畅，都会导致饭店市场形象模糊，顾客对饭店的理解也会出现偏差，态度也会发生转变。因此，建立市场形象后，饭店还应不断地向顾客提供新的论据和观点，及时矫正与市场定位不一致的行为，巩固市场形象，维持和强化顾客对饭店的看法和认识。

3. 饭店市场定位的策略

市场定位是一种竞争性的定位，它反映市场竞争各方的关系，是为饭店有效参与市场竞争服务的。

1）创新定位

创新定位是指饭店寻找新的尚未被占领但有潜在市场需求的位置，填补市场上的空缺，提供市场上没有的、具备某种特色的新产品。这种策略可以避开激烈的市场竞争，形成引领发展优势。但是，采用这种定位策略时，饭店应明确创新定位所需的产品在技术上、经济上是否可行，有无足够的市场容量，能否为饭店带来合理而持续的盈利。

2）迎头定位

迎头定位是指饭店根据自身的实力，为占据较佳的市场位置，不惜与市场上占有支配地位的、实力最强或较强的竞争对手发生正面竞争，从而使自己的产品进入与竞争对手相同的市场位置。其优点是在竞争过程中往往相当引人注目，甚至产生所谓轰动效应，饭店及其产品可以较快地为消费者或用户所了解，易于达到树立市场形象的目的。缺点是具有较大的风险性，饭店需要充分客观地评估自己的实力。

3）避强定位

避强定位是指饭店力图避免与实力最强的或较强的其他饭店直接发生竞争，而将自己的产品定位于另一市场区域内，使自己的产品在某些特征或属性方面与最强或较强的竞争对手有比较显著的区别。避强定位的优点是能降低竞争的激烈程度，但避强往往也意味着企业必须放弃某个最佳的市场位置，很可能使企业处于较差的市场位置。

4）重新定位

饭店在选定了市场定位目标后，如定位不准确或虽然开始定位得当，但市场情况发生变化时，如遇到竞争者定位与本饭店接近，侵占了本饭店部分市场，或由于某种原因顾客的偏好发生变化，转移到竞争者方面时，就应考虑重新定位。一般来说，重新定位是饭店为了摆脱经营困境，寻求重新获得竞争力和增长的手段。不过，重新定位也可以作为一种战术，拓宽新的市场范围。

7.3　饭店市场营销组合策略

所谓饭店市场营销组合，就是饭店对自己的可控制的各种营销因素进行分析，本着扬长避短的原则进行优化组合和综合运用，使各个因素协调配合，发挥整体功效，最终实现营销目标。

营销组合的典型模型是由麦卡锡于 1960 年提出的 4Ps 模型。这个模型假定企业可以调动的营销组合变量主要是产品（produce）、价格（price）、渠道（place）、促销（promotion）4 种。企业通过对这 4 个变量的具体决策来实现企业的经营目标。对于饭店而言，在实施该营销组合策略时还要考虑到饭店自身以及环境因素的影响。

7.3.1　产品策略

饭店产品是指饭店销售的能满足顾客需要的有形产品和无形产品的总和。饭店产品策略是指饭店用哪些产品来满足市场需求。常见的产品策略有以下几种。

1. 单一化产品策略和多样化产品策略

这里指的是饭店的业务经营范围。饭店可以将经营的业务集中在较小的范围之内，如传统的食与宿两个方面，甚至仅提供住宿，配以必要而简单的服务，此为单一化产品策略。当然，如果条件许可，饭店也可以扩大经营范围，以食宿为基础，提供康乐设施与购物中心，经营与旅游有关的各种业务，如出租汽车、导游服务等，此为多样化的产品策略。而这两种产品策略的选择，取决于饭店的人力、财力、物力，取决于饭店的定位，更取决于市场需求。

2. 升档产品策略和降档产品策略

所谓"升档产品策略"，是指在现有产品的基础上增加高档、高价的产品；所谓"降档产品策略"，则指在高价产品中增加廉价的产品。两者手段不同，目的则都是适应市场需求，增加销售量，创造更多的利润。究竟采取升档产品策略还是降档产品策略，则取决于饭店的人力、财力、物力，取决于饭店的定位，更取决于市场需求。当前，随着许多国家与地区经济的发展，人们收入的不断增加，越来越多的顾客追求舒适惬意的住宿体验，提高饭店档次，更新饭店设备，在许多情况下是很有必要的。

3. 标准化产品策略和个性化产品策略

标准化产品策略不只是指饭店应该建立各种规章制度，加强培训与质量控制，以保证自己提供的产品与服务达到一定的标准与水平；更重要的是指饭店提供的产品与服务能够为国际旅游者所接受，亦即达到国际标准。而个性化产品策略指的是饭店在市场竞争中针对顾客的个性化需求不断开发与提供新产品、新服务，强调自己的产品与服务不同于竞争者，优于竞争者，进而使旅游者偏爱自己的产品与服务。

4. 产品创新策略

随着生活水平的提高，人们的消费需求不断强化，顾客的需要永远不会达到饱和，这就要求饭店在发展过程中，不断进行产品创新，开发新产品，满足人们不断变化的需要。新产品不等于全新产品，它是指在技术、功能、结构、规格、实物、服务等方面与老产品有显著差异的产品，是与新技术、新理念、新潮流、新需求、新设计相联系的产品。饭店应本着创新、对路、有利可图、量力而行的原则，不断开发各类创新产品，满足人们不断变化的"胃口"。

⭐ 案例讨论

如家酒店集团发布新品牌

2016 年 11 月 22 日，如家酒店集团正式对外发布新品牌——如家小镇。与此同时，和如家小镇相匹配的定制客房产品如家魔盒也同步亮相。至此，如家酒店集团将综合露营地、农庄、特色村落、景点驿站等乡野度假业态，用不同以往的酒店住宿产品形态呈现给行业及消费者，并正式宣布进入自驾游和自由行的旅行住宿市场。

如家小镇是如家酒店集团以住宿为入口，因地制宜地延伸周边配套产品而打造的乡野休闲度假目的地。未来，小镇将采取标准化和特色化两种经营模式。标准化产品将包含住宿以及厨艺、健身、烧烤、轰趴等基本娱乐活动。特色化的产品则还会包括生日、聚会、团建或者奇幻森林、CS、专业餐饮、亲子课堂等专属定制活动。

为更好与乡野休闲度假的特点相适应，如家还以用户住宿体验为基础，推出品牌化的定制客房产品"如家魔盒"客房。如家魔盒客房未来将会开在某一旅游目的地附近或沿途，由乡村酒店、民宿、客栈或由模块化的移动客房组成。如家魔盒的诞生将会给越来越多的自驾游游客在旅途中带来别样的住宿体验。

近年来，随着中国经济的增长，如家酒店集团敏锐地洞察到主要客户对酒店的需求在升级，加速了向中高端商务酒店拓展的步伐。此次进军自驾游、自由行旅行住宿市场是如家的又一次战略链延伸，进一步丰富了产品线。

讨论：上述案例中，如家产品的打造体现了哪些方面的策略？

7.3.2 价格策略

价格策略是指饭店制定产品价格的谋略和技巧。成功的营销活动中，产品价格策略扮演着重要的角色。饭店在确定价格时，必须综合考虑产品质量、功能和特色、产品成本、顾客认知水平、购买时段、企业竞争情况、顾客的消费心理等因素。

1. 新产品定价策略

在新产品进入市场时，价格起着打开销路的关键作用。而价格就如同介绍信，介绍信如果开得好，就能增加产品受关注的程度和受欢迎的程度。常用的新产品定价策略如下：

（1）撇脂定价法：产品以高价进入市场，以便迅速收回投资，当有竞争者进入时，则采用降价的方法限制竞争者的进入。采用这种定价方法，要求饭店提供的产品具有无与伦比的优质性或独特性。

（2）渗透定价法：产品以低于预期的价格进入市场，以期获得"薄利多销"的效果。

在饭店形成买方市场的情况下，许多新开业的饭店都是以这种方式进入市场的。

（3）满意定价法：吸取撇脂定价法和渗透定价法的优点，选取一种比较适中的价格，既能保证饭店获得一定的初期利润，又能被广大顾客所接受。

2. 心理定价策略

利用顾客的心理因素进行合理的定价，巧妙刺激顾客的消费欲望。常用的心理定价策略如下：

（1）尾数定价策略：给饭店产品定一个以零头数结尾的非整数价格，在顾客心目中留下价低的印象。

（2）整数定价策略：给饭店产品定一个整数价格，以这种价格来反映产品较高的质量。

（3）分级定价策略：根据产品的质量、构成、价值等因素，将饭店产品定为不同档次的价位，以体现不同产品的价值，但是分级不可过细。

（4）吉祥数定价策略：根据人们对数字的迷信和禁忌心理而采取的一种定价策略，如选一个含有 6、8 或 9 的吉祥数作为饭店产品的价格。这类定价法在我国香港、广东一带比较流行。

3. 折扣定价策略

折扣定价即在实行产品交易过程中，通过对实际价格的适量调整，将一部分价格转让给顾客，鼓励顾客购买。折扣定价策略有以下几种。

（1）数量折扣：饭店根据顾客购买的产品数量或次数来决定是否给予折扣，折扣的幅度是多少，目的是鼓励顾客重复购买。

（2）季节折扣：根据顾客购买行为发生的时间来确定是否给予折扣，给予多少折扣。饭店产品是种季节性色彩浓厚的产品，有明显的淡、旺季之分，尤其是一些处在非热带地带海滨地区的饭店，经常将季节作为打折的因素。

（3）时间折扣：根据每天早、中、晚不同的时间段或星期中每天客流量的变化，拟定不同的价格。

（4）"套餐"折扣：将饭店的一系列产品组合成套餐系列进行打包销售，并给予较大的整体折扣。顾客购买套餐产品时，可以获得比单项购买更多的优惠。套餐折扣的产品不仅局限于饭店内部的客房、餐饮、娱乐等，还可以通过与外部相关旅游供应商，如航空公司、景点等合作，提升套餐吸引力。

7.3.3　渠道策略

1. 饭店营销渠道的概念

饭店营销渠道是指饭店将产品销售给顾客所经历的中间环节连接起来而形成的各种

通道。销售渠道的起点是饭店，终点是用户，中间环节包括各种批发商、零售商、代理商等。不同的营销渠道具有不同的营销活动质量和效果。

2. 饭店营销渠道的类型

根据饭店是否通过中间商进行营销的情况，饭店营销渠道大致可以分为直接渠道和间接渠道两类。

1）直接渠道

直接渠道又称无渠道营销，指饭店不通过任何中间环节，直接向顾客推销产品，顾客则直接向饭店购买所需的产品。优点是有利于饭店直接了解市场、减少中间费用、加强推销、控制价格等。缺点是营销成本高，市场覆盖面较小。

2）间接渠道

间接渠道是指饭店通过中间商来销售产品。优点是有利于饭店充分利用中间商的销售网络优势拓展销售市场，对提升市场占有率有很重要的作用。但是不利于营销信息的反馈和营销效果的控制。

3. 饭店营销渠道的结构

营销渠道的结构，可以分为长度结构，即层级结构和宽度结构以及广度结构三种类型。三种渠道结构构成了饭店渠道设计的三大要素或称为渠道变量。进一步说，饭店渠道结构中的长度变量、宽度变量及广度变量完整地描述了一个三维立体的饭店渠道系统。

1）长度结构

营销渠道的长度结构，又称为层级结构，是指按照其包含的渠道中间商，即渠道层级数量的多少来定义的一种渠道结构。通常情况下，根据包含渠道层级的多少，可以将一条销售渠道分为零级、一级、二级渠道和三级渠道等。零级渠道，即直接渠道，是指没有中间商参与的一种渠道结构；一级渠道包括一个渠道中间商，这个渠道中间商通常是零售商。二级渠道包括两个渠道中间商，通常是批发商和零售商。三级渠道包括三个渠道中间商，除了批发商和零售商，还包括代理商等。

饭店营销渠道长，能有效覆盖市场，从而扩大产品销售，有利于产品的远购、远销。但缺点是由于环节多，销售费用会相应增加，且不利于饭店及时获得市场情报。

2）宽度结构

营销渠道的宽度结构，是根据每一层级渠道中间商的数量的多少来定义的一种渠道结构。渠道的宽度结构分成以下三种类型。

（1）密集型分销渠道，也称为广泛型分销渠道，是指饭店在同一渠道层级上选用尽可能多的渠道中间商来经销自己的产品的一种渠道类型。

（2）选择性分销渠道是指饭店在某一渠道层级上选择少量的渠道中间商来进行商品分销的一种渠道类型。

（3）独家分销渠道是指饭店在某一渠道层级上选用唯一的一家渠道中间商的一种渠道类型。

3）广度结构

营销渠道的广度结构，实际上是渠道的一种多元化选择。也就是说饭店使用了多种渠道的组合，即采用了混合渠道模式来进行销售。比如，饭店针对大客户，如公司客户或旅行社客户，在饭店内部成立大客户部直接销售；针对一般的散客，则采用广泛的分销渠道等。

4. 饭店营销渠道的发展趋势

未来饭店营销渠道应朝如下方向发展：

1）适当拓宽合作渠道，重点建设自有渠道

分销渠道的多元化既能有效扩大饭店的品牌知名度与影响力，也可以分摊风险，某家渠道商的退出不至于对饭店的业务产生太大影响。因此，可有选择性地尝试拓宽合作渠道。另外，虽然合作渠道能为饭店带来大量客源，但在某种程度上却威胁着饭店的自主议价权，再加上顾客消费习惯会发生变化。因此，饭店完善自有渠道的建设，引导顾客通过自有渠道购买产品显得越发重要。

2）持续巩固传统渠道，探索发展网络渠道

随着信息化进程的不断加快，一些传统渠道的使用率正在下降，新兴的网络渠道正成为热点营销平台，但饭店传统渠道已经有了稳定的客源基础，所以仍需持续的巩固与推进。与此同时，饭店应积极探索与发展网络分销渠道，尤其是近年来发展迅猛的社交网站、微博、微信、手机 App 应用等新型渠道。只有实现了分销渠道的电子化，才能更好地满足广大顾客的预订需求。

7.3.4　促销策略

促销指饭店通过一定的手段，将有关饭店及其产品的信息传递给顾客，从而促进消费者对饭店产品的了解、偏爱，以达到销售的目的。

促销作为饭店与市场联系的主要手段，包括多种活动。主要分为人员促销和非人员促销两类。人员促销主要是指派出推销员进行推销活动，也称人员推销；非人员促销，又分为广告、营业推广、公共关系等多种方式。

1. 人员推销

人员推销是一种最古老的促销方式，是指饭店通过派出推销人员与一个或一个以上可能成为顾客的人进行交谈，通过口头陈述介绍宣传产品，吸引顾客购买的方式。

人员推销作为一种直接的销售方式，可以直接接触目标顾客和中间商，不但有利于向他们介绍饭店产品，还能迅速得到来自他们的较为准确的信息反馈，成交率较高。但它需要投入大量的人力、物力、财力，对销售人员的业务技能要求也较高。在人员推销中，推销人员起着决定性作用。饭店产品的无形性、不可转移性等特点，给推销人员提出了更高的要求。为此，饭店要达到更理想的人员推销的效果，就必须加强对推销人员的培训和实践锻炼，使他们掌握推销技巧。有目的、有计划地进行销售拜访或举办市场销售会议，是人员推销成功的关键。

2. 广告

广告是饭店支付一定的费用，采取非人员沟通的形式，通过各种媒介把饭店产品信息传递给广大目标受众的过程。广告具有传递信息的功能，可以通过图片、文字、视频等方式全面展示饭店产品的相关信息，让受众及时接收到关于饭店品牌形象、产品特点、促销动态等方面的信息，有助于提升饭店的知名度；同时，广告进行的传播活动是带有说服性的，有助于激发顾客的购买兴趣。

饭店广告应有目的、有计划地展开，针对不同类型目标市场的需求特点，通过不同渠道、利用不同媒介、强调不同的产品和服务特点，以迎合各细分市场顾客之所好。

3. 营业推广

营业推广亦称销售促进，是指能够迅速刺激需求，鼓励购买的各种促销形式。营业推广具有形式灵活多样、短期效果明显等特点。如果说广告是在劝说顾客"买我们的产品"，那么营业推广就是在劝说顾客"现在就买"。营业推广的方式主要包括价格优惠、有奖销售、礼品赠送、让利回馈、代金券等。

❋ 案例讨论

世界上最晚的退房制

2012 年澳大利亚奢侈型连锁酒店 Art Series 推出了"世界上最晚的退房制"！在 Art Series 看来，既然没有新住客，就无须一定要在 11:00 前将原来的住客赶出去，对饭店而言，顾客可是"上帝"呀！因此，饭店决定，凡是在 2012 年 12 月 16 日至 2013 年 1 月 13 日入住 Art Series 旗下三家主题酒店的顾客皆可享受这一待遇：只要没有新客入住，你就大可一直住下去！若是新客下午 15:00 才入住，你就可以待到接近 15:00 再走；若是 17:00 呢，自然可以待到接近 17:00 了。若是足够幸运，当晚无人入住，你就可以免费再住一宿。

讨论：此案例中的营业推广方式具有哪些特点？

4. 公共关系

饭店公共关系是指饭店运用信息传播手段，与公众建立相互了解和信赖的关系，树立良好的企业形象和信誉以促进饭店总目标的实现。

饭店公共关系的主要对象是公众，它包括内部公众和外部公众两方面。因此，内部关系和外部关系构成了饭店公共关系的主要内容。内部关系包括员工关系、股东关系等，它是饭店搞好一切工作的基础；外部关系包括顾客关系、社区关系、媒体关系、政府关系、同行关系等，这些关系的处理直接影响到饭店的发展。

饭店公共关系活动的开展形式主要包括参与公益活动，通过承担企业社会责任塑造饭店良好形象；开放组织，通过有计划地提供让顾客、媒体记者深入参观饭店某些后台区域，如厨房、洗衣房等活动，以及招募试睡员等活动，提升公众对于饭店产品的信任程度；加强与新闻媒体的联系与合作，及时将具有报道价值的信息提供给有关新闻媒体，加深顾客印象，鼓励推销人员及其他员工的工作热情；重视饭店危机公关工作，及时化解公关危机，协调好与相关公众的关系等。

7.4　饭店市场营销的创新与发展

7.4.1　主题营销

主题营销是饭店在开展营销活动过程中，根据消费时尚、饭店特色、时令季节、客源需求、社会热点等因素，选定一个或多个历史或其他主题为吸引标志，向顾客宣传饭店形象，吸引公众关注并令其产生购买行为。

饭店主题营销的核心是主题的选定。概括来说，主题的选定应遵循如下几点原则：第一，主题要符合公众的现实和潜在的消费需求；第二，主题要符合饭店特色，饭店主题营销要与本饭店的经营理念、企业文化等相适应；第三，主题必须具有个性化和差异化，要通过塑造与众不同的主题形象，使自己的产品优于竞争对手，形成竞争优势；第四，主题要具有文化性，文化是主题营销的源泉和根本，充分挖掘文化内涵，设计文化产品和服务是饭店经营者最重要的事。

饭店主题营销的形式包括完全主题化、部分主题化和主题活动三种类型。完全主题化是指饭店选定某个主题之后，将其较为全面地体现在饭店的建筑外观、内部装修、客房布置、餐饮服务、娱乐设施等方面，即以主题饭店的面貌立足于市场并成为市场的最大卖点。主题饭店最早出现在美国。近年来我国的主题饭店也呈现日益增多的趋势。部分主题化是指饭店通过选择性地开发主题客房、主题餐饮、主题娱乐等方式实践主题营销理念。主题活动是指饭店依托某一主题而策划的各类促销活动，典型的如异国风情美食节、中外节日庆祝活动、结合社会热点所进行的专项主题活动等。

7.4.2　分时营销

分时营销的英文是 time share marketing。它是指将饭店客房的使用权分时段卖给顾客，即不同的顾客购买同一客房不同时段的使用权，并且可以通过交换网络与其他消费者交换不同饭店的客房使用权。按照国际惯例，一般将饭店客房每年的使用权分为 52 周，将这 52 周中的 51 周分时销售给顾客，其中 1 周用于维修、保养。顾客每年可以拥有一周的使用权，使用年限一般为 20～40 年，也可以是永久。

分时营销带来了饭店营销理念的创新，它成功引入了分时入住和分时交换两大概念，消费者可以在每年的特定时段来享用饭店的客房，也可以将自己的使用权与同处于一个交换服务网络中的任何一家饭店具有某段时间使用权的消费者进行等价交换，还可以享用时段权益的转让、赠送、继承等系列权益。

分时营销按其发展的历程经历了双边式、三边式和多边式的营销运营模式：双边式是最早的运营模式，就是顾客与饭店之间进行直接的交易，通常由饭店自己组建客户网络，然后将客房按时段一定的价格提供给顾客；三边式是在双边式的基础上增加了一个销售代理商，饭店委托专门的销售公司来进行客房时权销售；多边式是在三边式的基础上又增加了一个交换公司，专门负责帮助消费者按照其意愿实现饭店时权之间的相互置换，这样就拓展了分时度假市场的范围，使饭店能更好地满足分时度假饭店消费者的需要。

7.4.3　绿色营销

饭店绿色营销是指饭店以节约资源、保护环境为宗旨，坚持绿色管理、倡导绿色消费的一种营销理念。它是可持续发展战略指导下营销理念的新发展。这种理念主张饭店提供的产品在满足顾客需求和实现饭店经济目标的同时，也要有利于保护生态平衡与提高环境质量。可以说，绿色营销的基础就是经济利益与环境利益的统一。

绿色营销要求饭店在以下六个方面采取相应措施。

（1）减量（reducing）。即饭店在经营管理过程中，应节约资源，减少浪费。例如，饭店应重视设施设备的保养与维修，延长使用寿命，减少更换频率；制订科学的采购计划，分批、适量地购买各类原料和用品，防止因过度采购、储藏不当等造成的浪费；减少废物和垃圾的产生；采用先进的节能设备，安装节能照明、节水设备及能源控制设施等。

（2）再使用（reusing）。饭店应贯彻"物尽其用"的原则，做好可重复使用物品的二次利用。

（3）循环利用（recycling）。饭店应该加强不能重复使用物品和能源的循环再生利用，做好回收工作。

（4）替代（replacing）。饭店应以耐用品或可多次回收利用的物品来替代一次性物品。

（5）保护（reserve）。饭店应保护生态环境和资源不受其污染或破坏。

（6）研究（research）。饭店应重视绿色营销理念的研究和落实。

7.4.4　事件营销

事件营销是指通过策划和组织有社会影响的营销活动，吸引社会团体和顾客的兴趣与关注，以求提高企业或产品的知名度、美誉度，树立良好品牌形象，并最终促成产品或服务销售目的的手段和方式。事件营销作为饭店有效的营销策略，越来越受到饭店的重视。这种营销方式通常可以以较低的成本实现较为理想的营销效果，其信息传播广度和客户接受程度往往都高于一般的广告效果。事件营销必须及时抓住社会上有价值和有影响的事件，不失时机地将其与本饭店的品牌联系在一起，达到传播效果，并培养顾客对饭店的信任。此外，饭店也可以通过精心策划事件，为产品推广创造"新理念"和"新潮流"。

事件营销应符合以下特点。首先，事件应当具备新闻性、新潮性、简单性、视觉性、参与性等特征，从而使营销活动产生话题，引起顾客的兴趣和注意。其次，事件必须符合饭店和顾客的双方利益，同时兼顾相关企业、政府、供应商、竞争对手和股东等各方的利益。最后，事件营销应具有一定的连续性，单靠一两次的活动，难以形成持续的影响力。

复习与思考

一、名词解释

饭店 STP 营销战略　饭店营销组合　主题营销　分时营销

二、填空题

1. 影响饭店市场规模的三个要素分别是_____、_____和_____。

2. 饭店市场营销的最终目的是_____，但是，_____是其重要前提。

3. 饭店市场定位的出发点和根本目标是_____。

4. 饭店 4Ps 营销组合策略包括_____、_____、_____和_____。

5. 饭店营销渠道结构包括_____、_____和_____。

三、选择题

1. "酒香不怕巷子深"是以下（　　）观念的集中表现。

A. 生产观念　　　B. 产品观念　　　C. 推销观念　　　D. 市场营销观念

2. 根据购买动机进行市场细分属于（　　）。

A. 地理变量细分法　　　　　　　B. 人口变量细分法

C. 心理变量细分法　　　　　　　D. 行为变量细分法

3. 饭店经营不同类型的产品以满足某一细分市场的需求属于（　　）策略？

A. 市场集中化　　　　　　　　　B. 市场专业化

C. 产品专业化　　　　　　　　　D. 选择专业化

4. 饭店寻找新的尚未被占领但有潜在市场需求的位置，填补市场上的空缺，提供市场上没有的、具备某种特色的新产品属于（　　　）。

    A. 创新定位   B. 迎头定位   C. 避强定位   D. 重新定位

5. 饭店产品以高价进入市场属于（　　　）。

    A. 撇脂定价   B. 渗透定价   C. 满意定价   D. 整数定价

四、简答题

1. 简述饭店营销的意义。

2. 简述饭店市场细分的作用。

3. 饭店进行目标市场评估的主要标准包括哪些？

4. 比较直接渠道和间接渠道的优缺点。

5. 什么是绿色营销？饭店如何实施绿色营销？

五、案例分析

在美国，许多市场营销专业的学生最熟悉的市场细分案例之一就是"万豪酒店"。这家著名的酒店针对不同的细分市场成功推出了一系列品牌：Fairfield（公平），Courtyard（庭院）、Marriott（万豪）以及 Marriott Marquis（万豪伯爵）等。在早期，Fairfield（公平）是服务于销售人员的；Courtyard（庭院）是服务于销售经理的；Marriott（万豪）是为业务经理准备的；Marriott Marquis（万豪伯爵）则是为公司高级经理人员提供的。后来，万豪酒店对市场进行了进一步的细分，推出了更多的旅馆品牌。在"市场细分"这一营销行为上，"万豪"可以被称为超级细分专家。原有的四个品牌都在各自的细分市场上成为主导品牌之后，"万豪"又开发了一些新的品牌。在高端市场上，Ritz-Carlton（波特曼·丽嘉）酒店为高档次的顾客提供服务方面赢得了很高的赞誉并备受赞赏；Renaissance（新生）作为间接商务和休闲品牌与 Marriott（万豪）在价格上基本相同，但它面对的是不同消费心态的顾客群体——Marriott 吸引的是已经成家立业的人士；而"新生"的目标顾客则是那些职业年轻人；在低端酒店市场上，万豪酒店由 Fairfield Inn 衍生出 Fairfield Suite（公平套房），从而丰富了自己的产品线；位于高端和低端之间的酒店品牌是 TownePlace Suites（城镇套房）、Courtyard（庭院）和 Residence Inn（居民客栈）等，它们分别代表着不同的价格水准，并在各自的娱乐和风格上有效进行了区分，伴随着市场细分的持续进行，万豪又推出了 Springfield Suites（弹性套房）——比 Fairfield Inn（公平客栈）的档次稍高一点，主要面对一晚 75～95 美元的顾客市场。为了获取较高的价格和收益，酒店使 Fairfield Suite（公平套房）品牌逐步向 Springfield（弹性套房）品牌转化。

思考：结合以上材料，谈谈万豪酒店市场细分的特点有哪些？

第 8 章

饭店服务质量管理

▶ 知识结构导览图

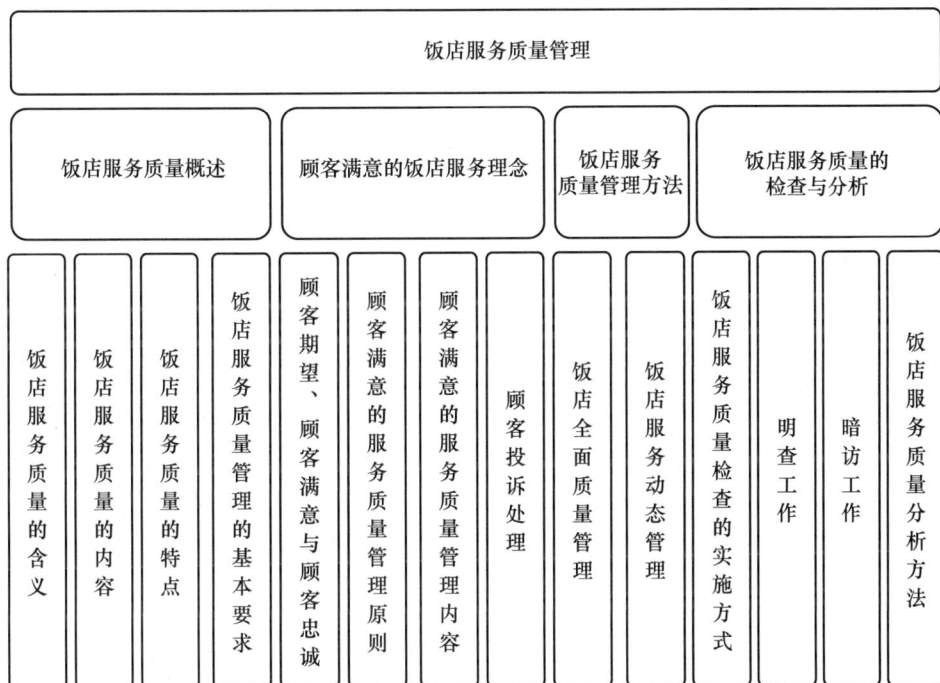

```
┌─────────────────────────────────────────────────────────────────┐
│                        饭店服务质量管理                            │
└─────────────────────────────────────────────────────────────────┘

┌──────────────┐ ┌──────────────┐ ┌──────────┐ ┌──────────────┐
│ 饭店服务质量概述│ │顾客满意的饭店服务理念│ │饭店服务    │ │饭店服务质量的  │
│              │ │              │ │质量管理方法│ │检查与分析      │
└──────────────┘ └──────────────┘ └──────────┘ └──────────────┘
```

| 饭店服务质量的含义 | 饭店服务质量的内容 | 饭店服务质量的特点 | 饭店服务质量管理的基本要求 | 顾客期望、顾客满意与顾客忠诚 | 顾客满意的服务质量管理原则 | 顾客满意的服务质量管理内容 | 顾客投诉处理 | 饭店全面质量管理 | 饭店服务动态管理 | 饭店服务质量检查的实施方式 | 明查工作 | 暗访工作 | 饭店服务质量分析方法 |

▶ 学习任务与要求

1. 理解饭店服务质量的概念；掌握饭店服务质量的内容、特点及管理要求；

2. 理解顾客期望、顾客满意与顾客忠诚的概念、区别与联系；

3. 了解顾客满意的饭店服务质量管理原则；理解顾客满意的饭店服务质量管理内容；掌握顾客投诉的处理程序；

4. 理解饭店服务动态管理；掌握饭店全面质量管理的特点；

5. 了解饭店的明查与暗访工作；理解饭店服务质量的检查方法；

6. 了解饭店服务质量因果分析法；理解 PDCA 管理循环；掌握 ABC 分类法。

引入案例

杭州雷迪森铂丽大饭店：以工匠精神塑造优秀品质，提供优质服务

杭州雷迪森铂丽大饭店创新了质量管理方式：取消了质量管理小组，用各班组问题照片的提交和部门经理的交叉质检取代。这一质量管理方式的变革为饭店质检工作带来了很大改观，使很多质量问题得到切实解决。

雷迪森铂丽大饭店在经营过程中不断将个性化服务转化为标准化服务的范畴，编订《贴心铂丽手册》，为优质服务打下良好基础。管家部整理出 50 多种顾客的潜在需求、所需要提供的服务和温馨留言的内容，并在实践中不断丰富完善，员工也养成了不断发现顾客需求，整理服务案例的良好习惯。

饭店高度重视网络大数据，对 OTA 渠道的点评回复、顾客关系维护专门出台激励政策。一线员工每天都在和形形色色的顾客打交道的同时收集大量的顾客信息，作为改进服务质量的主要依据之一。饭店还成立了"顾客满意小组"，针对网络顾客提供针对性的跟进服务，并出台奖励措施，定期召开分析培训会。

时代呼唤工匠，行业呼唤精神。雷迪森铂丽大饭店培养的正是员工对服务精雕细琢、精益求精的精神理念和亲情化的服务意识。饭店的经营部门每月开展服务案例的征集和评比活动，大量优秀的亲情化服务案例层出不穷。员工在打扫房间的时候发现顾客摆放了手提电脑，却没有鼠标垫，员工就送了鼠标垫到房间，并写下一张温馨的留言便签；当员工协助顾客熨烫西装时，发现衣服下摆有脱线，会拿到制服房缝补并熨烫平整送回客房。

服务无止境，未来依旧任重道远，雷迪森铂丽大饭店在运营和管理实践中将一如既往精心塑造优秀品质，提供优质服务，为顾客所感知、认同和喜爱。

思考：杭州雷迪森铂丽大饭店为向顾客提供优质服务做出了哪些努力？这一案例给饭店服务工作的启示是什么？

8.1　饭店服务质量概述

8.1.1　饭店服务质量的含义

1. 质量

质量是指产品或服务满足顾客需要的程度。顾客使用产品或接受服务，总会对其质量提出一定的要求，而这些要求往往受到使用时间、使用地点、使用对象、社会环境和市场竞争等因素的影响，这些因素的变化，会使人们对同一产品或服务提出不同的质量要求。因此，质量不是一个固定不变的概念，它是动态的、变化的、发展的；它随着时间、地点、使用对象的不同而不同，随着社会的发展、技术的进步而不断更新和丰富。

2. 饭店服务质量

饭店服务质量是指饭店以其所拥有的设施设备为依托，为顾客所提供的服务在使用价值上符合和满足顾客物质和精神需要的程度。饭店所提供的服务要同时满足顾客物质和精神上的需要。所谓符合，是指饭店为顾客提供服务的使用价值能否被顾客接受和喜爱。所谓满足，是指该使用价值能否为顾客带来身心愉悦和享受，使顾客感觉到自己的愿望和期盼得到了实现。

8.1.2　饭店服务质量的内容

饭店服务是有形产品和无形服务的有机结合，饭店服务质量则是有形产品质量和无形产品质量的完美统一，有形产品质量是无形产品质量的凭借和依托，而无形产品质量是有形产品质量的完善和体现，二者相辅相成，缺一不可。

1. 有形产品质量

饭店有形产品质量是指饭店提供的设备设施和实物产品的使用价值以及服务环境的质量，主要满足顾客物质上的需求。其中，饭店的实物产品质量通常包括菜点酒水质量、客用品质量、商品质量和服务用品质量。

2. 无形产品质量

饭店无形产品质量是指饭店提供的劳务服务的使用价值的质量，即劳务服务质量。劳务服务的使用价值使用以后，其劳务形态便消失了，仅给顾客留下不同的感受和满足程度。劳务服务质量主要包括礼节礼貌、职业道德、服务态度、服务技能、服务效率、安全卫生、员工的劳动纪律、服务的方式方法、服务的规范化和程序化等内容。

有形产品质量和无形产品质量的最终结果是顾客满意度，它是饭店服务质量的最终体现，也是饭店服务质量管理努力的目标。

8.1.3 饭店服务质量的特点

饭店管理者为了更好地实施对饭店服务质量的管理，必须正确认识和掌握饭店服务质量的以下特点。

1. 饭店服务质量构成的综合性

饭店服务质量的构成内容既包括有形的产品质量，又包括无形的劳务服务质量等多种因素，且每一因素又由许多具体内容构成。它既涵盖了衣、食、住、行等人们日常生活的基本内容，也包括办公、通信、娱乐、休闲等更高层面的活动，因此，饭店服务质量的构成具有极强的综合性。为了提高饭店的服务质量，必须实行全人员、全过程、全方位控制，把饭店服务质量管理作为一项系统工程。

2. 饭店服务质量评价的主观性

饭店服务质量的评价是由顾客享受服务后根据其物质和心理满足程度而产生的，因而带有很强的主观性。顾客的满足程度越高，其对服务质量的评价也就越高，反之亦然。饭店管理者要非常重视顾客对饭店服务质量的评价，要通过细心观察，了解并掌握顾客的物质和心理需要，不断改善对客服务，为顾客提供有针对性的个性化服务，并注重服务中的每一个细节，重视每次服务的效果，用符合顾客需要的服务本身来提高顾客的满意程度，从而提高并保持饭店服务质量。

3. 饭店服务质量呈现的短暂性

饭店服务质量是由一次次的内容不同的具体服务组成的，而每一次具体服务的使用价值均只有短暂的显现时间，即使用价值的一次性，如微笑问好、介绍菜点等。这类具体服务不能储存，留下的只是顾客的感受。因此，饭店服务质量的显现是短暂的，不像实物产品，其使用价值和质量品质可以长期显现，亦可以返工、返修或退换。也就是说，即使顾客对某一服务感到非常满意，评价较高，并不能保证下一次服务也能获得好评。因此，饭店管理者应督导员工做好每一次服务工作，争取使每一次服务都能让顾客感到非常满意，从而提高饭店整体服务质量。

4. 饭店服务质量内容的关联性

饭店为顾客提供的一次次具体的服务活动不是孤立的，而是密切相关的，因为在连锁式的服务过程中，只要有个别环节的服务质量有问题，就会破坏顾客对饭店的整体印象，进而影响其对整个饭店服务质量的评价。在饭店服务质量管理中有一流行公式：$100-1\leqslant0$，即 100 次服务中只要有 1 次服务不能令顾客满意，顾客就会全盘否定之前的 99 次服务。因此，饭店要确保每项服务的优质、高效，确保饭店服务全过程、全方位的"零缺点"。

5. 饭店服务质量构成的情感性

饭店服务质量还取决于顾客与饭店之间的关系，两者关系融洽，顾客就比较容易产生对饭店的归属感，对饭店产生好印象。相反，若两者关系不融洽，当出现问题时，则很容易导致顾客"小题大做"或"借题发挥"。因此，饭店与顾客间关系的融洽程度直接影响着顾客对饭店服务质量的评价，这就是饭店服务质量的情感性特点。因此，饭店员工应主动、热情、耐心、周到地为客人提供优质服务，尽量建立起和谐的关系。

6. 饭店服务质量对员工素质的依赖性

饭店产品生产、销售、消费同时性的特点决定了饭店服务质量与饭店员工表现的直接关联性。饭店服务质量取决于服务人员的素质高低和管理者的管理水平高低。因此，饭店服务质量对员工素质有较强的依赖性。饭店既要重视管理者以及全体员工的个人素质，也要重视饭店的整体素质，即饭店理念、体制、企业文化，从而以完整的"素质链"来保证饭店的服务质量。

8.1.4　饭店服务质量管理的基本要求

1. 以人为本，内外结合

饭店服务质量管理要始终坚持以人为本的原则，对内要关注员工，注重员工的塑造、组织与激励，提高员工的素质，并使其达到最佳组合和积极性的最大限度发挥，从而使饭店服务质量不断提高。对外要重视顾客，要坚持顾客至上，把顾客的需要作为饭店服务质量的基本出发点，饭店质量目标的确立、质量标准的制订以及饭店服务质量管理活动的组织均应以此为依据。

2. 全面控制，软硬结合

饭店服务质量构成复杂，影响因素众多。既有硬件的因素，也有软件的因素；既有物质的因素，也有精神的因素；既有饭店的因素，也有社会的因素；既有员工的因素，也有顾客的因素。所以，要提高服务质量，必须树立系统观念，实行全人员、全过程、全方位的控制与管理；既要注意硬件设施的建设和完善，更要重视智力投资，抓好软件建设。

3. 科学管理，点面结合

饭店的服务对象是人，来饭店消费的顾客既有共同需求，又有特殊要求。不同饭店之间既有共性，又有各自的特色。因此，饭店的服务质量，既要注重顾客的共同需要，又要注意顾客的特殊要求；既要坚持贯彻国家统一的服务标准，又要根据自身特点，具体情况具体处理，确立具有特色的服务规范和管理办法。

4. 预防为主，防管结合

饭店服务具有生产和消费同一性的特点，因此，饭店服务质量管理要坚持预防为主，并将预防和管理相结合。首先，要防患于未然，抓好事前的预测和控制。同时，各级管理者要坚持走动式管理，强化服务现场管理，避免或及时处理各种不合格的服务。

8.2　顾客满意的饭店服务理念

8.2.1　顾客期望、顾客满意与顾客忠诚

1. 顾客期望

顾客期望（customer expectations）在很大程度上影响着顾客对饭店提供的服务是否满意。顾客期望是顾客尚未开始进入饭店，或者进入饭店之后尚未开始接受服务之前在心里产生的一种对饭店和饭店服务的预期。顾客期望质量，就是在顾客头脑中所想象的或者期待的服务质量水平。由于这种预期通常发生在顾客还没有与饭店接触之前，因此影响顾客期望质量的因素主要包括市场信息、饭店的声誉和形象、口碑和顾客的需要。

2. 顾客满意

顾客满意（customer satisfaction）指顾客对其需求或期望已被满足的程度的感受。顾客满意是以人为本观念普及的必然结果，也是企业永恒追求的目标。满意度是顾客满足情况的反馈，它是对产品或者服务本身的评价；给出了（或者正在给出）一个与消费的满足感有关的快乐水平，包括低于或者超过满足感的水平，是一种心理体验。顾客满意度是一个变动的目标，能够使一个顾客满意的东西，未必会使另一个顾客满意，能使得顾客在一种情况下满意的东西，在另一种情况下未必能使其满意。只有对不同的顾客群体的满意度因素非常了解，才有可能实现 100%的顾客满意。

3. 顾客忠诚

顾客忠诚（customer loyalty）是顾客对企业与品牌形成的信任、承诺、情感维系和情感依赖。顾客忠诚通常表现为两种形式，一种是顾客忠诚于企业和品牌的意愿；另一种是顾客忠诚于企业和品牌的行为。对于饭店而言，忠诚的顾客会乐于传播有利于饭店与品牌

的信息；会更多、更频繁地购买饭店的产品；会更愿意试用新产品、新服务；对价格的敏感度较低，愿意为高质量付出高价格；会乐于推荐新顾客等。由于交易的惯例化，饭店对忠诚顾客付出的交易成本、服务成本更低。

4. 顾客期望、顾客满意、顾客忠诚的区别与联系

1）顾客期望与顾客满意的区别与联系

首先，顾客期望与顾客满意都是顾客消费心理的一种反应，都是顾客对饭店提供的服务质量和自身所获得的价值的评估。其次，顾客期望产生于消费活动之前，而顾客满意则是消费活动结束后的评价。最后，顾客期望影响顾客满意。顾客的期望与满意需要通过消费活动，即实际接受服务的经历才得以联系。通常情况下，顾客在获得实际服务感受后，会产生以下几种不同的结果：① 期望值低，实际感受好，顾客感觉出乎意料，非常满意；② 期望值高，实际感受好，顾客如愿以偿，服务质量名副其实，感知服务质量高，此时客人常觉物有所值，比较满意；③ 期望值低，实际感受差，顾客感受很一般，没有满意的感觉；④ 期望值高，实际感受差，顾客感到名不符实，产生极大的失望，十分不满意，可能会对饭店进行投诉或进行不利的传播。

2）顾客满意与顾客忠诚的区别与联系

首先，顾客满意反映的是消费心理的感受，而顾客忠诚更多是消费行为的体现。顾客满意是一种心理的满足，是顾客在消费后所表露出的态度；顾客忠诚则通常被定义为重复购买同一品牌或产品、服务的行为。其次，顾客满意是对过去消费经历的意见和感受；而顾客忠诚体现的是顾客未来的购买承诺和购买行为。再次，饭店顾客满意是顾客忠诚的前提条件。顾客忠诚的形成是一个动态过程，顾客只有获得连续不断的满意消费经历后，才可能由满意顾客变为忠诚顾客，这也是许多饭店追逐顾客满意的直接动力。最后，顾客满意只是顾客忠诚的形成条件之一。顾客满意只是顾客对于产品或服务的感性上的认可，要使其进一步上升为行为上的忠诚，还需要更多其他因素的支持。

8.2.2　顾客满意的服务质量管理原则

饭店服务质量管理的过程中，应围绕顾客的需求开展饭店的经营活动，将顾客满意的服务质量理念引入现代饭店的质量管理中，并遵循以下原则。

1. 全过程管理原则

饭店的服务质量管理必须贯穿于饭店产品生产和服务的全过程。从饭店的选址和建筑设计开始，包括设施和设备的采购与布局、客房家具和装饰、餐饮原材料的选择及饭店的服务设计与实施等环节，都应着眼于顾客满意的目标。

2. 顾客需求导向原则

进行饭店服务质量管理需要从顾客对饭店产品需求的调查开始。饭店应认真调查顾客对饭店所处地理环境的需求、饭店经营规模的需求、客房种类及其设施的需求、会议室和展厅及其设施的需求及餐饮种类及其特色的需求等，在此基础上，提供符合顾客需求特征和规律的产品与服务。

3. 持续改进原则

饭店进行服务质量管理，目的在于推动饭店质量管理的提高和改进。由于顾客对饭店服务质量的需求是变化和发展的，因此饭店必须持续地对服务质量进行改进。

案例分析

7天连锁酒店的超值优质服务

在经济型酒店行业中，"7天"一直以高性价比的强劲优势在竞争中占据主动。

"7天"恰到好处的"加减法则"为消费者带来了"超值优质"的舒畅体验：兼顾到安全、静音和环保功能把窗户改小了；原本要装在每个房间的吹风筒，只在每层楼梯口装一个……尽管"7天"一直以做"减法"著称，但是在顾客关注的核心元素上，"7天"一直采取的是"加法"：为了确保顾客良好的睡眠质量，"7天"把大床加宽到1.8米，用上了五星级饭店水准的床垫，配上了高级洁白的床上用品；为了让客人能洗个舒服的热水澡，"7天"专门研发获得专利的整体卫浴设计；为了改善客人的睡眠环境，"7天"又在客房的小窗户上增设了双层隔音玻璃，还推出特殊订做的隔音门；为了表达对客人的独特关怀，还为顾客提供健康新体验，从睡前牛奶、健康的荞麦枕头到健康实惠的营养早餐……

"7天连锁酒店"通过超值优质的产品服务、绿色环保的理念，持续满足顾客的核心需求，势必赢得顾客的好感和品牌忠诚度。

思考： 请分析"7天连锁酒店"成功的原因；举例说明为了赢得顾客满意和顾客忠诚，饭店通常采用哪些方法？还有哪些创新方法吗？

8.2.3 顾客满意的服务质量管理内容

顾客满意的服务质量管理内容主要包括以下四个方面。

1. 构建顾客满意的服务质量评价与管理体系

饭店应建立以顾客满意度作为衡量标准的服务质量评价体系，同时建立服务质量控制中心，统筹饭店服务质量管理工作。服务质量控制中心应在总经理的直接领导下，组建以各级管理者为首的服务质量管理小组，全面控制本部门的服务质量，形成遍布饭店的服务质量管理网络。

2. 研究影响顾客满意的因素

根据美国心理学家弗雷德里克·赫茨伯格的双因素理论，影响饭店顾客满意度的诸多因素可以分为不满意因素和满意因素。不满意因素是指那些顾客要求饭店必须做到的，如果饭店做不到，会引发顾客的强烈不满，而饭店如果做到了，顾客也觉得理所当然，不会因此非常满意的因素，比如饭店住宿的安全保障、客房的卫生管理等。满意因素是指顾客期望饭店能够做到的，如果饭店做不到，顾客不会感到非常不满，但是当饭店满足了顾客的期望甚至满足程度超过顾客的期望时，顾客会非常满意的因素，比如入住登记或结账的等候时间、饭店产品的增值服务等。饭店应努力提供超出顾客期望的产品及服务，提高饭店顾客满意度，最终形成顾客忠诚度。

3. 重视顾客的投诉与反馈

饭店服务过程中，难免发生错误，一旦出现问题，要及时采取补救措施。恰当的补救措施，不但能挽回顾客，还能给顾客留下良好印象，取得意想不到的效果。当出现问题时，饭店应耐心听取顾客的抱怨，诚恳地向顾客表示歉意，并尽快做出反应，显示饭店真正关心顾客的利益，想顾客之所想，急顾客之所急。

但是研究表明，一些顾客对于不满意的服务通常保持沉默，很少对饭店直接提出抱怨。饭店应采取有的放矢的反馈措施。比如，设置热线电话，定期进行顾客感知质量调查，采取奖励的方法搜集反馈信息等。这样既有利于客观了解顾客对饭店服务质量的评价，也有利于服务质量的及时改进。

4. 构建员工满意的激励制度

员工的满意度会直接影响顾客的满意度，没有满意的员工就没有满意的顾客。饭店的工作是由员工掌握进程并通过员工的自觉行动完成的，他们在规范操作的基础上可以进行非常有弹性的调整，可以给顾客最美好的个性化服务的享受，也可以给顾客留下例行公事的冷漠的感觉；可以让顾客非常满意，也可以让顾客非常不满意。而员工的选择与其对工作的感情倾注和满意程度息息相关。因此，追求不断提高顾客满意度的饭店应该把员工满意度的提高作为管理的核心，通过提供宽松、愉快的工作环境，建立和谐、平等的人际关系，制定以公平、信任为基础的规章制度，设计合理、有效的激励机制等，创造出快乐满意的工作主体，即满意的员工。只有员工满意了，才有可能提供令顾客满意的服务。

8.2.4 顾客投诉处理

对于饭店而言，为顾客提供完美无瑕的产品和服务自然是一种最理想的状态，但失误总是在所难免的。失误发生后，如果顾客进行投诉，那么饭店顾客投诉的处理情况就成为强化或恶化顾客关系的关键因素。及时处理顾客投诉，不仅能挽回饭店当前的失误，还可以使顾客重新建立信心，增强顾客的满意度和忠诚度，维持顾客与饭店的长期关系，提高饭店的经济效益。

1. 饭店顾客投诉类型

顾客对饭店进行投诉，往往是因为饭店工作上的过失，或饭店与顾客之间存在误解，或不可抗力，又或某些客人的别有用心等因素造成的。按照顾客投诉内容的不同，可将投诉原因归为以下几种类型：

（1）饭店服务项目的设置不能满足顾客的需求；

（2）饭店设施、设备出差错；

（3）饭店服务质量标准太低，达不到顾客的需求水平；

（4）饭店员工的服务态度与顾客期望存在较大差异；

（5）服务技能、技巧欠缺，服务效率低；

（6）员工服务语言使用不当；

（7）饭店与顾客之间存在误会；

（8）顾客自身方面的问题。

2. 饭店顾客投诉处理原则

1）"顾客至上"原则

接待投诉顾客、受理投诉、处理投诉，本身就是饭店服务项目之一。饭店要始终坚持"顾客至上"原则，对顾客投诉持欢迎态度，不与顾客争吵，不为自己辩护，表达出愿意为顾客排忧解难的诚意，充分体现饭店员工崇高的职业素养。

2）"顾客永远是对的"原则

饭店在处理顾客投诉过程中，即使发现顾客是"百分之百的错"，也必须义无反顾地遵循"顾客永远是对的"原则，这也是饭店体现至高无上服务理念的具体展示。

3）兼顾双方利益原则

饭店管理者在处理投诉时，身兼两种角色，既是饭店的代表，代表饭店受理投诉，必须考虑饭店的利益；同时，也是顾客的代表，为顾客追讨损失赔偿。因此，管理人员必须兼顾顾客和饭店双方的利益，尽量保证双方的合法权益都能得以实现。

3．饭店顾客投诉的一般处理程序

1）热情接待

面对顾客的投诉，饭店首先应向顾客表示同情、理解与道歉，再根据具体情况为顾客安排休息、送上茶水等，杜绝推诿或冷漠处理。

2）耐心倾听

投诉处理者要学会倾听，并安抚和平息顾客的怒火，要以诚恳的态度询问和听取顾客的意见、不满与牢骚。

3）表明态度

接待者应向顾客表明饭店将尽最大的努力，以最快的速度，给对方尽可能满意的答复。

4）表示感谢

管理者要向进行投诉的顾客表示感谢，因为这些投诉意见将有助于饭店提高管理水平和服务质量。

5）部署处理

在接待投诉顾客之后，饭店应即刻部署处理程序。

6）征求意见

饭店应将处理意见尽快告知顾客，并征求顾客对处理结果的意见。

7）吸取教训

饭店应将处理投诉的过程记录存档，总结经验教训，以利于今后改进工作。

8）追踪反映

饭店在投诉处理完成之后的一段时间内，要与顾客联系，追踪顾客的反映，这也是饭店有效营销的手段之一。

8.3　饭店服务质量管理方法

8.3.1　饭店全面质量管理

1．全面质量管理理念的起源与发展

全面质量管理的雏形最早出现于 20 世纪 60 年代的日本，对当时日本经济的发展起

到了极大的促进作用。这种质量管理方法于 20 世纪 70 年代被引入美国，并于 20 世纪 80 年代得到普及。倡导全面质量管理观念的代表人物有戴明、朱兰、费根堡、克劳士比等。

戴明提出了质量改进的 14 项步骤。朱兰重视质量控制环节，强调建立以顾客为导向的组织。费根堡 1961 年出版了《全面质量管理》，该书系统地阐明了全面质量管理的理论和方法。克劳士比是使全面质量管理理念深入人心的关键人物，正是由于他的努力，全面质量管理理念迅速被世界各国所关注和接受，发展成为风靡当今世界的现代质量管理方式，使质量管理发展到一个新的阶段。

2. 饭店全面质量管理的含义

饭店全面质量管理是指饭店为保证和提高服务质量，组织饭店全体员工共同参与，综合运用现代管理科学方法，控制影响服务质量的全部过程和各种因素，全面满足顾客需求的系统管理活动。它要求以系统观念为出发点，通过提供全过程的优质服务，达到提高饭店服务质量的目的。

3. 饭店全面质量管理的特点

1）全方位

饭店服务质量既包括有形产品质量，也包括无形产品质量；既有前台服务质量，又有后台工作质量，饭店服务质量包括饭店工作的各个方面。全面质量管理就是针对饭店服务质量全面性的特点，对饭店服务质量的全部内容进行管理，即全方位的管理，而不是只关注局部的质量管理。

2）全过程

饭店服务质量管理既是在服务实施过程中，也贯穿于服务的事前准备、事中控制和事后完善与追踪的全过程。饭店服务质量管理的全过程管理，形成了全面质量管理有别于传统管理的两个方面：一是侧重预防为主，防患于未然，服务质量管理的重点应从事后把关转变为事先预防；二是以顾客为中心，饭店服务过程中的每一个环节都应当令顾客满意并符合饭店质量管理的要求。

3）全员参与

全面质量管理应由饭店全体人员共同参与实施，因为饭店中的每位员工及其工作都与服务质量密切相关。饭店所提供的优质服务不仅仅是前台人员努力的结果，同时也需要后台员工的配合才有保障。所以，全面质量管理要求饭店全体员工参与其中，并把每位员工的工作有机地结合起来，从而保证饭店的服务质量。

4）管理方法多种多样

饭店服务质量的构成丰富，且影响质量的因素复杂，既有人的因素，又有物的因素；既有客观因素，又有主观因素；既有内部因素，又有外部因素。要全面系统地控制这些因素，就必须针对具体情况采取灵活不同的管理方法，努力使顾客全面满意。因此，全面质量管理要求饭店管理者能够灵活运用各种现代管理方法，从而提高服务质量。

案例分析

里兹·卡尔顿饭店的全面质量管理

1992 年，里兹·卡尔顿饭店作为饭店业中的第一个，也是唯一的一个获得了"梅尔考姆·鲍尔特里奇国家质量奖"。该饭店的成功与其服务理念和全面质量管理系统密不可分。

该饭店强调要关注顾客，要确保每一个员工都投身于改进饭店每项工作的质量的过程，并坚持不断地改进。100%满足顾客是里兹·卡尔顿高层管理人员对质量的承诺。

该饭店全面质量管理有四条黄金标准：① 信条：对里兹·卡尔顿饭店的全体员工来说，使顾客得到真实的关怀和舒适是其最高的使命。② 格言："我们是为女士和绅士提供服务的女士和绅士。"这一座右铭表述了两种含义：一是员工与顾客是平等的。二是饭店提供的是人对人的服务，不是机器对人的服务，强调服务的个性化与人情味。③ 服务程序：饭店将其服务程序概括为直观的"三步曲"：热情和真诚地问候顾客，如果可能的话，做到使用顾客的名字问候；对客人的需求做出预期和积极满足其需要；亲切地送别，热情地说再见，如果可能的话，做到使用顾客的名字道别。④ 基本准则：注重经历，创造价值；全面质量管理使饭店在竞争中处于有利位置，同时它在营销方面也不甘落后，采取一些有效的营销战略，使其经营管理更加面向顾客。它强调顾客的特殊活动，并通过其富有创造性的营销活动为顾客创造价值。

思考：里兹·卡尔顿饭店在全面质量管理中做了哪些工作？

8.3.2　饭店服务动态管理

饭店服务的动态管理是由服务本身内在的动态性所决定和控制的。只有动态的管理体系才能适应服务的动态发展，才能最终满足消费者的动态需求。饭店服务动态管理包括以下四个层面的内容。

1. 服务项目的动态管理

饭店的服务项目需要根据市场的变化进行不断的调整和更新，既包括对部分既有项目的淘汰，也包括新项目的产生。既有项目的淘汰应有一个严格的筛选过程，应慎重分析服务项目营业额的变化趋势，依据其历年的贡献状况和趋势进行选择。新服务项目的产生必须参考顾客的需求意见，通过综合的权衡来决定新服务项目的增设。

2. 服务标准的动态管理

服务标准的动态管理是指根据行业的服务规划对既有的标准进行调整和改造。饭店服务标准通常是在长期的实践经营中，根据顾客的需求和服务操作的成本等因素综合确定的。大部分饭店服务标准是饭店的行业规范，也是顾客对饭店及其档次进行识别的主要依据，具有较强的稳定性，但某些服务标准会随着技术条件和服务观念的变化，进行调整和变革。因此，饭店应具有动态管理思想，及时并慎重地对既有服务标准进行调整、改良，以适应市场的变化。

3. 服务员的动态管理

服务人员是饭店服务的具体操作者，其服务状态会直接影响饭店服务质量，因此饭店必须对服务人员实施动态管理。服务员的动态管理应从动态考核入手，同时，饭店服务员的薪酬分配也应根据综合考核结果进行确定。有效地进行服务人员的动态管理，可以对员工形成强效激励，使其更加重视在服务中的表现，从而有助于提高饭店服务质量。

4. 服务管理人员的动态管理

对饭店服务管理人员实施动态管理是提高饭店服务质量的重要手段。饭店应形成稳定的管理制度，使各级服务管理人员对自己的工作有较为稳定的预期，从而达到持续激励、动态激励的效果。动态的升迁制度可以使饭店优秀的管理人员留在内部，不会造成人才的流失。动态的末位淘汰制度，能够使管理人员产生竞争的危机感，促使其不断提高其工作绩效。

8.4 饭店服务质量的检查与分析

8.4.1 饭店服务质量检查的实施方式

1. 饭店统一检查

饭店的统一检查由饭店服务质量检查的最高机关组织，定期或不定期实施。统一检查是饭店服务质量检查的最高形式，具有较高的权威性，容易引起各部门的重视。进行统一检查时，要注意对不同部门的重点检查，要注意检查的均衡性、权威性和严肃性。

2. 部门自查

部门自查是指饭店按照服务质量的统一标准，要求各部门、各班组进行自我检查。饭店服务质量检查的体系可分为店一级、部门一级和岗位、班组一级三个层次。一般来讲，岗位、班组一级的检查应贯穿于每日的工作之中；部门一级的检查可每周进行两次左右；店一级的检查每月可进行一至两次。

部门自查要按照饭店统一的质量标准进行，不能自立标准，各行其是。饭店的服务质量管理机构要加强对部门检查结果的督查，随时抽查部门服务质量检查的记录，并随时与记录中的当事人进行核对。

3. 外请专家检查

饭店定期请一些外部专家来协助饭店的检查，会帮助饭店发现一些内部检查人员"麻痹"的问题。饭店请外部专家进行检查，会表现出更高的专业性，还会带来一些其他饭店在控制服务质量方面的经验，这对于饭店的发展起到至关重要的作用。

4. 走动式巡检

走动式巡检是将检查融入管理人员的每一次走动之中。这种检查方法强调了饭店进行服务质量检查不是有组织的几次常规检查，饭店管理人员的每一次走动都应作为对服务质量的一次检查，对此过程中发现的每一个问题都应及时纠正。

无论哪一层次的检查，其形式都可以分为明查和暗访两种。明查是事先通知后的检查，暗访则是在被检查者不知情的情况下，了解饭店服务质量日常基本水准的手段。检查既要考虑到点与面的结合，还要强调连续性。

8.4.2　明查工作

1. 明查的概念

明查是指质量管理检查部门采取对检查单位明确告知、明白检查的方法，是质量检查的一种明示做法。

这里的质量管理部门，可以是饭店自身的质量管理部门，也可以是饭店管理集团或管理公司的质量管理部门，还可以是饭店行业管理的部门。

明确告知，是指事先明确告诉被检查的饭店或部门，检查人员将于何时、采用何种方法对哪些部门进行质量检查，还要明确告知检查人员的组成结构、身份、检查内容等。

明白检查，是指检查人员可以在被检查单位有专人陪同的情况下，按照双方都知晓的检查内容、标准等进行质量检查。

2. 明查的作用

明查既具有明确告知、明白检查的特点，也具有公开、透明的特点。在明查过程中，检查人员可以在进行检查的同时，当即对不合格、不规范的部门、岗位和具体做法进行当场纠正和指导，比间接的指导和帮助，更加直接、及时、有效。

3. 明查的内容

明查的内容主要分为两个层面：一是检查一线对客服务的各个岗位。检查区域包括前厅、客房、餐厅、康乐区域和公共区域。此外，检查对客服务质量，要求检查人员通过电话对饭店"一站式"操作情况和送餐服务进行检查。二是检查二线的各个岗位。检查内容主要包括二线卫生状况、办公秩序、员工区域的文化氛围、员工生活区的设施设备情况、厨房卫生、库房管理、地下停车场的管理、工程设施设备管理等。

上述检查内容，需要成立检查团组，根据分工，各自深入饭店，按照提前制定的检查表进行检查和记录。检查人员通常要在饭店相关人员的陪同下进行走动检查，而消防应急等项目需要进行体验式检查。

8.4.3　暗访工作

1. 暗访的概念

暗访是指在被检查者完全不知情的情况下，饭店检查人员以客人的身份入住该饭店，在消费体验中了解饭店的硬件设施是否舒适，清洁卫生是否到位，员工服务是否令顾客满意等真实情况。

2. 暗访的作用

暗访能够从顾客的角度，全面体验饭店对客服务的每个环节，包括入住接待、客房服务、餐饮服务、康乐服务等，从而真实感知饭店服务质量的总体水平。暗访人员可以运用录像、拍照等技术手段将具体情况记录下来。这些记录作为暗访报告，可以真实、客观地记录检查人员体验的一切。另外，暗访也有利于发现饭店管理过程中的薄弱环节。这些薄弱环节往往发生在双休日、节假日、晚间等。暗访人员在上述时间段进行检查，可以记录到员工嬉笑打闹、精神懒散、服务不到位等情况，并向饭店反映真实情况。

3. 暗访的操作方式

暗访的操作方式主要有以下几个步骤：

1）确定暗访人员

受检查的单位需主动邀请暗访人员。饭店通常邀请熟悉的、专业的人士进行暗访检查，现在也有邀请客人，即不是从事饭店工作的人士进行暗访，请他们从顾客的角度体验服务，并提出意见。当管理集团或管理公司需要对所属饭店进行暗访时，负责质量管理的人员会根据公司的要求，寻找能够承担此项任务的合作方。通常有三种途径：一是邀请专业的咨询公司；二是邀请同行；三是管理集团或管理公司自己组织暗访检查队伍。

2）确定暗访方案

暗访方案的主要内容有确定暗访的内容、时间、以何种身份入住、如何进行暗访检查、准备哪些"暗访道具"、如何与服务人员接触、如何防止被饭店员工发现自己的真实身份等。方案越细越周到，越有利于工作。暗访道具包括行李箱、换洗衣物、手提电脑等。例如，准备换洗的衣物，以便检查洗衣服务程序；携带手提电脑，以便查看饭店客房内的网速等。

3）确定暗访内容

暗访内容可以根据该饭店的要求进行设计和准备，也可以根据管理集团或管理公司的设计确定暗访内容。暗访的主要检查点集中在一线服务岗位，每个检查点主要是检查其硬件设备设施状况、清洁卫生状况、员工精神状态、服务状态、服务程序的规范性、服务过程的灵活性和对个性化要求的处理方式等。对于二线岗位，暗访人员可以检查工程维修的处理速度、处理程序和二线人员的服务意识等。

4）整理暗访内容，并做出检查报告

暗访人员在进行暗访检查的过程中，应随时在表格中记录检查情节，在暗访结束后，应认真回顾暗访过程，对暗访记录进行分类整理，并做出检查报告。暗访人员务必要实事求是地记录饭店的情况和自己的感受，不得编造或夸大、缩小事实，因为被检查饭店会非常重视暗访报告，并根据报告内容有针对性地进行整改。

8.4.4 饭店服务质量分析方法

1. ABC 分析法

ABC 分析法主要是通过对影响饭店服务质量因素的统计分析，找出影响饭店服务质量的主要因素。其过程主要分为以下四个步骤：

1）收集服务质量问题信息

通过顾客建议书、投诉处理记录、各种原始记录等方式收集有关服务质量的信息。

2）将收集到的质量问题信息进行分类

对质量问题信息进行分类、统计、排列，制作服务质量问题统计表，并在表中计算出每类质量问题占总体的比率和累计比率。需要注意的是，在进行质量问题排列的时候，应按照比率从大到小顺序排列，之后再进行累计比率的计算。

3）绘制排列图

根据统计表绘制排列图，左侧纵坐标表示问题数量，右侧纵坐标表示累计比率。

4）分析找出主要质量问题

排列图上累计比率在 0～70%的因素为 A 类因素，即主要因素；累计比率在 70%～90%的因素为 B 类因素，即次要因素；累计比率在 90%～100%的因素为 C 类因素，即一般因素。找出主要因素就可以抓住主要质量问题。

例题链接

某饭店就收到的关于客房服务质量问题的 200 份顾客投诉进行统计，其中：130 份投诉反映客房的设施设备有质量问题；36 份投诉反映客房的服务态度有质量问题；20 份投诉反映客房的服务项目不全；8 份投诉反映客房安全卫生存在问题；另有 6 份投诉反映客房存在其他问题。服务质量问题统计表如表 8-1 所示、排列图如图 8-1 所示。

表 8-1　服务质量问题统计表

质量问题	问题数量	比率/%	累计比率/%	分类
客房设施设备	130	65	65	A
服务态度	36	18	83	B
服务项目	20	10	93	C
安全卫生	8	4	97	C
其他	6	3	100	C
合计	200	100	100	

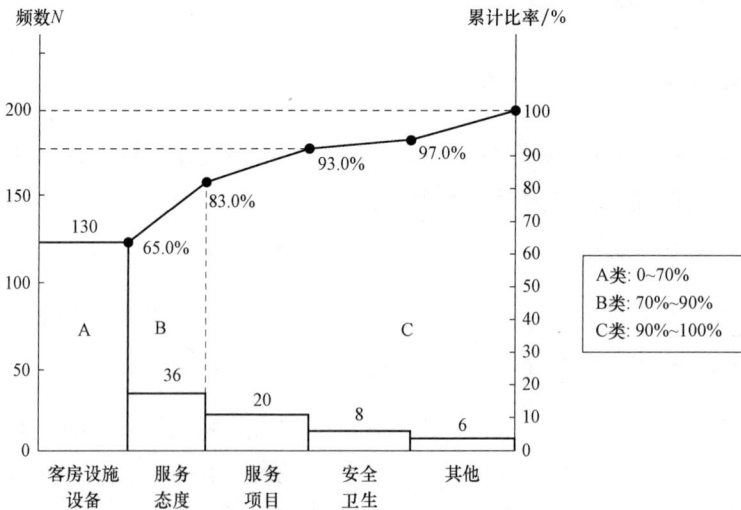

图 8-1　服务质量问题排列图

2. 因果分析法

因果分析法是利用因果分析对产生质量问题的原因进行分析的图解法，由于其分析图形同鱼刺、树枝，因此也称鱼刺图、树枝图。因果分析法的程序包括：

1）确定要分析的质量问题

通过 ABC 分析法找出 A 类质量问题即主要质量问题。

2）分析 A 类质量问题产生的原因

发动饭店全体管理人员和员工共同分析，寻找 A 类质量问题产生的原因，并进一步分析以查明这些原因又是怎样形成的，直到能够找到相应的防止措施为止。

上例中的客房设施设备存在 A 类质量问题，其产生原因可用因果图分析如下（见图 8-2）。

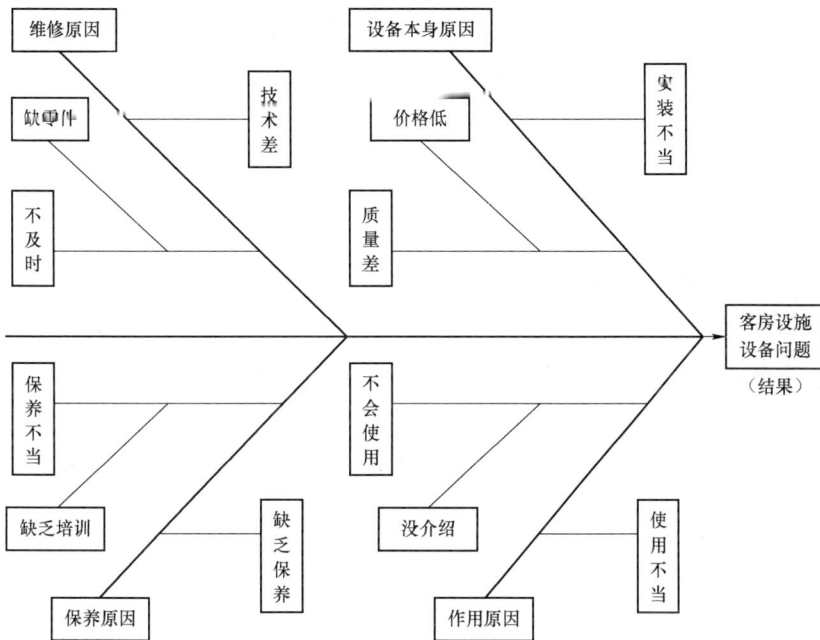

图 8-2　A 类质量问题产生原因的因果图

3. PDCA 管理循环

PDCA 管理循环是指按照计划（plan）、实施（do）、检查（check）、处理（action）这四个阶段进行的管理工作，并循环不止地进行下去的一种科学管理方法。PDCA 循环转动的过程，就是质量管理活动开展和提高的过程，其工作程序分为以下四个阶段：

1）计划阶段（P）

在计划阶段，首先，分析服务质量现状，找出存在的质量问题；其次，用因果图分析产生质量问题的原因；再次，找出影响质量问题的主要原因；最后，提出解决质量问题的质量管理计划，即应达到的目标及措施办法。

2）实施阶段（D）

饭店管理者组织有关部门、班组以及员工具体地实施质量管理计划。

3）检查阶段（C）

饭店管理者应认真、仔细地检查计划的实施效果，并与计划目标进行对比分析。

4）处理阶段（A）

对于成功的管理经验，要进行总结，并使之标准化或编入服务规程，形成管理制度加以推广应用。对于失败的经验，要吸取教训，提出本轮 PDCA 未解决的问题，并开始新一轮的 PDCA 管理循环。

PDCA 管理循环的四个阶段缺一不可，只有四个阶段都完成且不断地循环下去，才会使饭店服务质量问题越来越少，服务质量水平不断提高，最终趋于"零缺点"。

复习与思考

一、名词解释

饭店服务质量　顾客满意　饭店全面质量管理

二、填空题

1. 饭店服务质量是_____和_____的完美统一，二者相辅相成，缺一不可。

2. 顾客满意的服务质量管理三大原则分别是_____、_____和_____。

3. 双因素法认为，影响饭店顾客满意度的诸多因素可以分为_____和_____两大类。

4. 饭店全面质量管理的特点表现为_____、_____、_____和_____。

5. 饭店服务质量检查的实施方式包括_____、_____、_____和_____。

三、选择题

1. 在饭店服务质量管理中"100－1≤0"这一流行公式，说明饭店服务质量具有（　　）特点。

A. 质量呈现的短暂性　　　　　　B. 质量内容的关联性

C. 质量评价的主观性　　　　　　D. 质量构成的综合性

2. 饭店的服务质量，既要注重顾客的共同需要，又要注意顾客的特殊要求。这是满足了饭店服务质量管理（　　）的基本要求。

A. 以人为本，内外结合　　　　　B. 全面控制，软硬结合

C. 科学管理，点面结合　　　　　D. 预防为主，防管结合

3.（　　）是通过对影响饭店服务质量因素的统计分析，找出影响饭店服务质量的主

要因素的一种饭店服务质量分析方法。

    A. ABC 分析法　　　　　　　　B. 因果分析法

    C. PDCA 管理循环　　　　　　　D. 自查分析法

    4. PDCA 管理循环是按照（　　　　）顺序进行的循环管理方法。

    A. 计划-处理-检查-实施　　　　B. 计划-处理-实施-检查

    C. 计划-实施-检查-处理　　　　D. 计划-实施-处理-检查

四、简答题

1. 简述饭店服务质量的特点。

2. 简述顾客期望和顾客满意的区别与联系。

3. 简述顾客满意的饭店服务质量管理主要包括哪些内容。

4. 简述饭店顾客投诉的一般处理程序。

五、计算题

某饭店就收到的关于餐厅服务质量问题的顾客投诉进行统计，其中，90 份投诉餐厅环境过于嘈杂；52 份投诉反映餐厅的服务态度有质量问题；20 份投诉反映菜肴的味道欠佳；8 份投诉菜肴价格太高；另有 6 份投诉反映餐厅存在其他问题。请完成下表的填空，并分别说明 A 类因素、B 类因素和 C 类因素的意义。

质量问题	问题数量	比率/%	累计比率/%	分类
餐厅环境嘈杂	90			
餐厅服务态度	52			
菜肴味道欠佳	20			
菜肴价格太高	8			
其他	6			
合计				-

第9章

饭店人力资源管理

▶ **知识结构导览图**

```
饭店人力资源管理
```

| 饭店人力资源管理概述 | 饭店员工招聘与录用 | 饭店员工培训 | 饭店员工激励 | 饭店员工绩效考核 |

饭店人力资源管理的含义 ｜ 饭店人力资源管理的特点 ｜ 饭店人力资源管理内容 ｜ 饭店员工招聘的意义 ｜ 饭店员工招聘的原则 ｜ 饭店员工招聘渠道 ｜ 饭店员工招聘录用程序 ｜ 饭店员工培训的意义 ｜ 饭店员工培训的类型与内容 ｜ 饭店员工培训的流程 ｜ 饭店员工激励的意义 ｜ 饭店员工激励的原则 ｜ 饭店员工激励的方法 ｜ 饭店员工绩效考核的意义 ｜ 饭店员工绩效考核的原则 ｜ 饭店员工绩效考核的方法

▶ **学习任务与要求**

1. 了解饭店人力资源管理的含义；理解饭店人力资源管理的特点和内容；

2. 了解饭店员工招聘的渠道和程序；理解饭店员工招聘的意义和原则；

3. 了解饭店员工培训的类型和内容；掌握饭店员工培训的意义和流程；

4. 理解饭店员工激励的意义与原则；掌握饭店员工激励的方法；

5. 理解饭店员工绩效考核的意义；掌握饭店员工绩效考核的原则和方法。

引入案例

怡家酒店的用人之道

据人力资源咨询公司怡安翰威特（Aon Hewitt）发布的《2017 年中国人力资本调研结果》显示，酒店行业继 2016 年之后再次光荣摘得"离职率"这一统计数据的"桂冠"——39% 的数字比排名第二的零售业离职率（28.1%）高了近 11 个百分点。按照这个离职速度，理论上一家酒店公司 2 年半就要集体"换血"一次。与此同时，据迈点研究院（MTA）发布的《2017 年度酒店离职率调查报告》显示，2017 年，国内酒店业员工离职率普遍在 20%～40%，其中一线员工及中层管理流动变化最大。

在此背景下，本土品牌怡家酒店的表现十分抢眼，酒店的员工流失率居然只有 3.6%。这怎么做到的？为之带来了怎样的效应？就此，迈点网记者采访了怡家酒店集团总经理伍仕洪先生。

调研结果显示，酒店员工离职的原因主要聚焦于薪酬低、成长受限。面对行业普遍存在的薪酬低问题，伍仕洪先生表示，根据 2017 年数据来看，怡家酒店平均岗位的薪酬已经高于西南地区本土酒店，甚至有部分已经达到本土五星级酒店水平。此外，酒店在 2017年投入 100 万元作为积分奖励，在保证员工原有薪酬待遇的基础上，进行积分制的管理与激励，落实了具体的某一项服务或是为客户做一件事就进行相应的积分，最后依照所获得的积分兑换奖金。一方面提升了员工的收入，另一方面也快速提升了酒店的服务水准。而除了收入之外，员工还在提供贴心服务的同时获得了客人的感谢和表扬，"让酒店整体都在传递正能量"。

面对行业内的员工成长受限问题，酒店则是提供相应的储干培训，每季度一期，为企业培养更多的优秀人才。与此同时，据伍仕洪先生透露，已经将集团部门进行变革优化，所有的店长由总经理直管，在提高沟通效率的同时，也是极力为店长服务。而店长除了每天关注客户外，还需要更多地关注员工，为员工服务。

此外，伍仕洪先生对迈点记者说道："上班的时候，我们的员工服务顾客，下班后，我们也为员工配备了生活服务的相关设施设备，保证员工辛苦了一天回到宿舍就像回到家一样温馨，不需要自己洗衣服，打扫卫生，员工回到家就是负责开心，快乐。"得益于家文化，怡家的员工都真正把怡家当做自己的家，彼此间像家人一样互帮互助。

（资料来源：https://baijiahao.baidu.com/s?id=1595977714039193470&wfr=spider&for=pc）

思考：造成饭店业员工流失率居高不下的主要原因有哪些？饭店应当如何留住员工？

9.1 饭店人力资源管理概述

9.1.1 饭店人力资源管理的含义

1. 人力资源管理的意义

管理学家彼得·德鲁克认为："企业只有一个真正的资源，那就是人。"因而，人力资源又被称为饭店的第一资源，是饭店运营的核心和基础。人力资源的有效管理是饭店获得竞争优势的关键，是实现饭店经营目标的基本保证。

2. 人力资源管理与人事管理

人力资源管理源于传统的人事管理，但二者的管理理念却存在本质的区别。人事管理的工作内容主要涉及人员招聘、工作委派、工资发放、档案保管等，其特点是把员工当成一种简单的生产要素进行管理，忽视员工个性与潜力，缺乏对员工的培训与激励等，管理手段单一。而人力资源管理的工作内容除了上述人事管理的基本内容之外，还包括员工培训、职业发展、绩效考核、员工激励等，其特点是把员工看作是一种资源，通过最大限度地挖掘、利用和发展这种资源，从中获得人力资源的最高价值。

3. 饭店人力资源管理

饭店人力资源管理是指综合运用现代管理学中的管理职能，对饭店的人力资源进行有效的开发、利用和激励，使其得到最优化的组合，并最大限度发挥积极性的一种全面管理。饭店人力资源管理的最终目的在于使饭店员工与工作相互协调，充分发挥员工自身的最大潜力，切实提高工作效率，最终实现饭店与员工的共同目标。

9.1.2 饭店人力资源管理的特点

1. 覆盖范围较广

饭店人力资源管理的范围涉及招聘选拔及录用、员工培训、员工激励、绩效考核、员工职业生涯规划及劳动关系等，以上方面都直接或间接地与广大管理人员及基层员工的利益相关，也将影响饭店员工积极性、主动性的调动与发挥。因此，饭店管理者必须了解和掌握人力资源管理的基本理论、方法，合理招聘、培训和激励员工，营造良好的工作环境和氛围，充分调动员工的工作积极性。

2. 动态性较强

饭店的外部环境与内部环境都是复杂的。一方面，其外在环境是纷繁的，面对的客人是形形色色的；另一方面，由于饭店员工的频繁流动，其工作目标、服务质量及心理需求等在不同时期也不同。因此，饭店管理者不仅要根据饭店的整体目标选拔合适的人才，对饭店员工的录用、培训、奖惩、晋升和离职等全过程进行管理，更要注重在员工工作动态过程中的管理。

3. 跨越性明显

饭店人力资源管理的跨越性可以从地域、文化两个方面来理解。在地域方面，一些国际著名饭店集团相继进军我国饭店业，我国本土饭店集团也实现了跨地区、跨国界的集团化经营与管理，这些都体现了我国饭店人力资源管理鲜明的地域跨越性。在文化方面，外资饭店及合资饭店的员工处于双重文化交叉并存的环境中，且以外国文化为主导，易使员工形成心理失衡，出现不稳定情绪，进而影响饭店服务质量的提高，不利于饭店人力资源管理工作的开展。饭店应针对实际情况，在招聘、选拔、培训等方面，因势利导、因地制宜，培养锻炼员工的适应能力和应变能力。

4. 政策性鲜明

饭店人力资源管理是在国家和地方政府人事劳动政策指导下开展的，饭店虽然拥有人员招聘、人事安排、用工方式、劳动组织和薪酬福利等方面的自主权，但仍需要遵守人事劳动管理的有关政策、法规、条例，如员工保险、劳动休假制度、最低工资标准、劳保福利等政策规定。因此，饭店人力资源管理具有鲜明的政策性，相关管理者应给予高度重视。

9.1.3　饭店人力资源管理内容

1. 人力资源规划

饭店人力资源规划是指为实施饭店的发展战略，完成饭店的生产经营目标，根据饭店内外环境和条件的变化，通过对饭店未来的人力资源的需要和供给状况的分析及估计，制定饭店人力资源供需平衡计划，以确保饭店在需要的时间和需要的岗位上，获得各种必需的人力资源，保证事（岗位）得其人、人尽其才，从而实现人力资源与其他资源合理配置的规划。

2. 员工招聘

饭店员工招聘是指及时地将合适的人才补充到所需职务和岗位的管理过程。饭店员工的个人素质和业务能力对饭店人力资源的整体水平以及饭店的经营和发展产生直接的影响，因此，饭店在招聘工作中应准确把握招聘对象，选择合适的招聘方法，设计恰当的评价标准，采用灵活的录用方式，并与员工的培训等工作相结合。

3. 员工培训

饭店员工培训是指饭店为了提高自身竞争力，实现预期经营目标和员工职业发展目标，对员工采取的人才开发活动。饭店开展培训工作首先应当准确分析员工的素质、能力与饭店发展目标之间的差距，认真分析员工的需求，采取合理的培训方法，并对培训的效果进行评测。

4. 员工激励管理

饭店员工激励管理是指通过激励的手段和方法使员工了解和接受企业的经营目标，推动员工为实现既定目标而努力工作的过程。也可以说，是一个调动员工工作积极性、增强饭店凝聚力、提高整体工作效率的过程。

5. 员工绩效考核

饭店员工绩效考核是通过对员工工作的完成情况、工作态度、与同事和上下级之间的合作等方面进行评价和考核。员工绩效考核的结果影响着员工的薪酬和福利，同时，管理者可以根据结果反映的问题制定相应的措施，将结果中发现的员工潜能作为其晋升和发展的依据。

6. 员工薪酬管理

饭店员工薪酬管理是饭店人力资源管理不可缺少的内容。饭店薪酬管理是指充分利用有限的资金，合理地确定员工工资，使工资可以及时反映员工的工作成绩，并有力地推动饭店的经营业绩。

7. 员工职业发展

饭店在人力资源管理过程中应重视员工的个人职业发展。员工的职业发展管理既可以帮助饭店加深对员工性格、兴趣、特长、能力等方面的了解，也可以帮助员工了解饭店的发展目标、经营理念和人力资源供需状况，从而使员工个人职业生涯目标与饭店经营发展目标协调一致。

9.2　饭店员工招聘与录用

9.2.1　饭店员工招聘的意义

1. 是饭店打造竞争优势的关键环节

当今饭店业的竞争归根结底是人才的竞争，员工的质量在一定程度上决定了饭店在激烈的市场竞争中的地位。人才的获得是通过招聘环节来实现的。因此，员工招聘对于提高饭店竞争力以及实现其发展目标，有着至关重要的影响。从这一角度来看，员工招聘是饭店打造竞争优势的关键环节。

2. 是维持饭店正常运营的基础条件

有计划地招聘一定比例数量的新员工，向饭店不断输入新鲜血液，将竞争机制引入饭店人力资源管理体系，是促使饭店员工合理流动，不断提高员工素质和服务质量，保证饭店经营管理顺利进行的基础。

3. 是饭店营造自身良好形象的重要手段

员工招聘既是吸引、招募人才的过程，也是向外界宣传饭店形象、扩大饭店影响力和知名度的一个重要手段。应聘者可以通过招聘过程了解饭店的组织结构、经营理念、管理特色、历史文化等。

4. 是降低员工流动性的必要措施

科学有效的招聘可以使饭店获得能够胜任工作并对所从事的工作感到满意的优秀人才。使员工在工作中获得满足，有利于饭店员工队伍的稳定和发展，进而降低饭店员工的流动率，保持整体稳定。

9.2.2　饭店员工招聘的原则

1. 因职择人原则

饭店员工的晋升和流动会导致饭店各部门内的职位出现空缺，选择职工应以职位空缺和实际需要为出发点，以职务对人员的业务能力要求为标准，选拔合格的人员。这一原则可以精简组织机构，提高工作效率。

2. 公开竞争原则

饭店的招聘信息要公开，把招聘的职位、数量、要求、应聘资格、选拔条件、录用方法等信息向外部和内部公开。饭店应根据应聘者的学历、经历等自身条件择优录取所需员工。

3. 量才适用原则

不同职务对员工的业务知识和能力的要求不同。从应聘者角度考虑，饭店只有根据申请人的业务特长安排工作，才能发挥他们的潜能，并激发其工作热情。因此，饭店应根据应聘者的个人情况，将其安排到适应的职位上。

4. 动态平衡原则

饭店在经营和发展的过程中，人力资源常处于动态变化中。饭店必须根据实际业务需要，及时做好招聘、培训和开发各种人才等工作，才能实现科学的动态平衡，从而有效地控制人力成本。

9.2.3 饭店员工招聘渠道

1. 内部招聘

1）内部提拔

从内部提拔一些合适人员来填补职位空缺是常用的方法。它可以使饭店迅速从现有员工中提拔合适的人员到空缺的岗位上。

2）工作调换

工作调换也称"平调"，一般用于中层管理人员，且往往是时间较长的，甚至是永久的。它是指职务级别不发生变化，工作的岗位发生变化。

2. 外部招聘

1）人才交流中心和人才招聘会

我国很多城市都设有专门的人才交流服务机构，这些机构常年为企事业用人单位提供服务。他们一般建有人才资料库，用人单位可以很方便地在资料库中查询条件基本相符的人才资料。此外，这些机构每年都会举办多场人才招聘会，用人单位的招聘者可以直接和应聘者进行接洽和交流。

2）媒体广告

通过报纸杂志、广播电视等媒体进行广告宣传，向公众传达招聘信息。

3）网上招聘

网上招聘是一种有效的招聘方式。用人单位可以将招聘广告张贴在自己的网站上，也可以在一些专门的招聘网站上发布信息。

4）校园招聘

学校是人才高度集中的地方，是组织获取人力资源的重要源泉。包括在学校举办的毕业生招聘会、招聘张贴、招聘讲座和毕业生分配办公室推荐等。

5）人才猎取

是指通过"猎头"公司为饭店"猎取"高级人才和尖端人才。

6）员工推荐

通过企业员工推荐人选，也是招聘的重要形式。

3. 内外部招聘优缺点比较

内部招聘的优点：对员工了解全面，准确性高；可鼓舞士气，激励员工进取；应聘者可以更快适应工作，使培训投资得到回报；招聘费用低。内部招聘的缺点：员工来源局限于饭店内部，水平有限；容易造成"近亲繁殖"，出现思维定势和行为定势；可能会因操作不公或员工心理原因而造成内部矛盾等。

外部招聘的优点：人员来源广，选择余地大，有利于招到一流人才；新员工能带来新技术、新思想、新方法；当内部有多人竞争而很难做出决策时，外部招聘可在一定程度上平息或缓和内部竞争者之间的矛盾；从外部直接招聘熟练员工或中、高端人才，可以节省培训、投资等方面的费用。外部招聘的缺点：员工不了解饭店情况，进入角色慢；饭店对应聘者的了解少，可能招不到合适的员工；内部员工得不到机会，积极性可能受到影响。

9.2.4　饭店员工招聘录用程序

饭店员工的招聘录用流程主要包括发布招聘信息、应聘者甄选、员工录用、招聘工作评估四个环节（见图 9-1）。

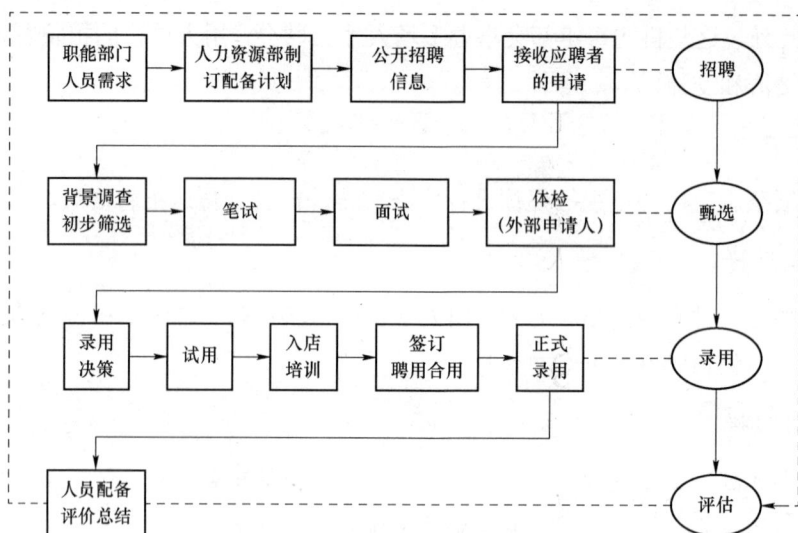

图 9-1　饭店员工招聘录用流程

1. 发布招聘信息

饭店根据发展目标和岗位需求确定招聘计划，包括招聘岗位、岗位要求、招聘人数、招聘时间、招聘方法等；将上述招聘信息通过多种渠道向社会发布，向社会公众告知用人计划和要求，确保有更多符合要求的人员前来应聘。

2. 应聘者甄选

饭店员工甄选，是指饭店通过一定的技术和手段，对应聘者进行鉴别和考察，并根据其个性特点和知识技能水平，预测其工作绩效，确定是否录用；或通过协商，安排其他工作岗位。为尽可能全面和深入了解应聘者的知识、能力、个性及特长等情况，饭店通常采用笔试法、能力测试法、情景模拟测试法、职业兴趣测试法、面试法等方法，选拔合适的人选。甄选是招聘过程中最关键、最重要，也是技术性最强、难度系数最大的环节。

3. 员工录用

饭店在经过严格的招聘和筛选阶段后，对符合条件的应聘者进行录用。录用程序包括员工试用、转正并签订劳动合同等步骤。

员工的正式录用就是所谓的"转正"，是指试用期满，且表现良好、符合饭店要求的新员工正式成为饭店成员的过程。一般由用人部门根据新员工在试用期间的具体表现对其进行考核，做出鉴定，并提交人力资源管理部门。人力资源管理部门对考核合格的员工正式录用，并代表饭店与员工签订正式录用合同、劳动合同，正式明确双方的责任、义务与权利。

4. 招聘工作评估

招聘工作评估是指在招聘工作结束后，人力资源管理部门对招聘的结果、成本和方法等方面进行评估，对整个招聘工作做一个总结和评价，并作为招聘工作进一步改进的依据，目的是提高下次招聘工作的效率。对招聘工作的评价一般应从两个方面进行：一是对招聘工作的效率评价；二是对录用人员的评估。

9.3　饭店员工培训

9.3.1　饭店员工培训的意义

饭店对员工的培训已经成为企业经营管理过程中不可缺少的环节，饭店培训工作无论是对员工的个人职业发展，还是对企业的经营都产生很大的作用。饭店只有重视员工培训，才能不断提高劳动生产率，从而为饭店带来更高的经济效益。

1. 提高饭店服务质量

培训可以使员工用正确的工作方法生产饭店产品，使饭店产品的质量得到保证及提高。此外，培训可以大大减少员工服务不到位、对顾客态度不佳的情况，有效避免影响饭店声誉的现象，促使员工为顾客提供优质服务。

2. 改善工作效率

员工经过培训后，可以使自己的工作更加熟练，工作效率随之提高，工作内容也更加充实。同时，管理人员在监督和指导工作方面也可以减轻一定的负担，提高管理效率。

3. 降低损耗，节省成本

研究表明，未受过培训的员工所造成的事故数量是受过培训的员工的数量的 3 倍。未经培训的员工不了解操作的正确方法或技巧，容易造成饭店损耗率、事故率上升。而经过培训的员工会有意识地避免一些错误操作，在减少事故发生的同时，也使自身的安全得以保证。美国饭店协会的调查数据显示，培训可以减少 73% 的浪费，特别是客房部、洗衣部、餐饮部等损耗较大的部门，培训的效果最为明显。

4. 降低员工流失率

培训可以使员工进一步认识饭店及各部门工作，协调各部门之间的关系，从而促进和改善员工间的关系，进而增强饭店企业的凝聚力。开展培训，既能使员工及时补充和更新专业知识与技术，提高自身能力，改善工作方法，为晋升做好铺垫，也可增强员工对饭店企业的认同感、归属感和忠诚度，降低员工流失率。

9.3.2 饭店员工培训的类型与内容

1. 类型

1）入职培训

入职培训是指饭店为了把新职工培养成合格的工作人员而进行的专业知识、技能和工作态度等方面的培训。

2）任职培训

任职培训是指对新任职的管理人员进行的培训，包括晋升和调整职务的管理人员。

3）主题培训

主题培训是指饭店为满足当前业务需要的某一主题内容对员工进行的培训。包括使用新设备的培训，采用新的服务程序培训和外语培训等。

4）在职培训

在职培训是指参与培训的员工一边工作一边学习，利用既有的场所和现成的设备，聘请经验丰富的管理者作为教师所进行的培训。

5）脱产培训

脱产培训是指参训者暂时脱离工作岗位，到高等院校或专业培训机构、集团内部的连锁饭店或外部著名的饭店接受培训。

2. 内容

1）职业道德培训

饭店职业道德是指饭店业的道德准则和行为规范，是饭店从业人员身上体现的精神面貌和社会行为的总和。饭店职业道德培训的首要任务是要加强员工对职业道德的认识，从而使员工在服务工作中形成正确的道德观念，逐步确立行为准则。其次通过职业道德培训可以促使员工在工作中讲求高尚的道德行为，并养成长期的职业道德习惯，将饭店职业道德规范自觉地运用到本职工作中。

2）饭店企业文化培训

饭店企业文化是饭店全体员工共有的行为模式、信仰和价值观。饭店企业文化培训内容主要包括三个层次：① 精神文化层，包括饭店核心价值观、精神、理念等；② 制度文化层：即饭店各种规章制度以及这些规章制度所遵循的理念，包括管理理念、服务理念、安全理念、人才理念、创新理念、可持续发展理念等；③ 物质文化层：包括饭店建筑物、饭店标识、饭店传播网络等。

3）饭店服务知识培训

饭店服务知识是饭店员工为了更好地提供服务而应当了解的各种与服务有关的信息总和。饭店服务知识培训是饭店各项工作顺利开展的基础保障，可以使员工掌握丰富且扎实的服务知识，从而为客人提供优质的服务。饭店服务知识主要包括服务技能、服务态度、服务技巧等。

4）心理培训

饭店员工心理培训是指将心理学的理论、理念、方法和技术应用到饭店服务与管理活动之中，以更好地解决员工的动机、心态、情商、意志、潜能及心理素质等心理问题，使员工的心情得到调适，心态模式得到改善，意志品质得到提升，潜能得到开发等。良好的心理教育、疏导和训练，可以增强员工的意志力、自信心、抗压能力和自控能力，还可以提高员工的创新意识、贡献意识、集体意识。

5）管理知识培训

饭店管理人员分为基层、中层和高层三个部分。饭店员工管理知识培训针对不同层级的管理人员有不同的培训内容和要求。

饭店基层管理人员培训的内容包括：学习饭店管理的基本原理，明确督导的基本职责，学习人力资源管理和劳动管理的基本理论；掌握沟通的基本方法等。

饭店中层管理人员的培训除了基层管理人员的培训内容之外，还应包括：本职位所需的职业理论和相关知识；对本部门工作的运行与计划、组织、指挥、协调和控制能力，尤其是沟通和督导能力等。

饭店高级管理人员的培训重点在于计划与决策能力、创新精神、组织能力、协调控制能力和财务运作能力等方面。培训内容包括：市场营销管理、人力资源管理、财务管理等；管理学基础、组织行为学、领导科学等；经济学以及国内外饭店业最新管理趋势、方法等。

9.3.3　饭店员工培训的流程

1. 分析培训需求

只有了解培训需求，才能提供有针对性的培训，所以，培训需求分析是饭店培训工作的起点。管理者应通过工作评估、宾客反映等多种渠道，采用观察员工工作状况、问卷调查、面谈等方法，找到工作中现存的问题，如观念意识、沟通协调、应变能力、业务操作等，并进行分类分析，从而确定员工的培训需求。

2. 制订培训计划

培训计划是针对上述培训需求而制定的具体实施方案。制订培训计划的程序包括确定培训目标、确定培训对象及内容、确定培训教师、确定培训形式和方式、选择培训时间及地点、确定考评方式、明确培训组织人、明确后勤保障工作、明确培训计划的签发人、培训费用预算等。

3. 实施培训计划

分析培训需求为饭店确立了培训的目标，制定培训计划为培训提供了依据和指导，而实施培训计划则是实现培训目标的关键。

实施培训时，培训者应针对培训内容及培训对象的不同，采取不同的方式。常见的培训方法包括以下类型。

1）讲授法

讲授法是一种传统的培训方法，也称课堂演讲法。优点是有利于受训者系统地接受新知识，容易掌握和控制学习的进度，有利于加深理解难度大的内容，可以同时对多数员工进行培训。缺点是单向信息传播，反馈效果差。

2）视听技术法

视听技术法通常用于企业概况、传授技能等培训内容，也可用于概念性知识的培训。这种培训方法是通过现代视听技术（如投影仪、DVD、录像机等工具），对员工进行培训。优点是通过视觉和听觉的感知方式，直观鲜明。缺点是受训者的反馈与实践较差，内容易过时。

3）案例分析法

案例分析法是指通过提供典型案例，让学员针对案例中所反映的问题展开讨论，从而训练其分析问题、解决问题的能力。优点是学员参与程度高，对于巩固知识、加深认识十分有帮助。案例分析法的运用强调培训教师对于分析过程的控制和引导，对培训教师的要求较高。

4）角色扮演法

角色扮演法是一种情景模拟活动，学员在培训教师设计的工作场景中扮演其中角色，其他学员与培训教师在学员表演后作适当的点评。该方法代入感强，可以更好地帮助学员进入不同角色，并开展换位思考，对于提高学员人际关系能力以及应对突发事件的能力十分有益。

4. 评估培训效果

评估是围绕培训目标针对培训的最终结果进行的。通过收集有关培训效果的各种信息和数据，确定培训的价值和质量。培训评估的层次包括：对受训员工进行评估；对培训过程本身进行评估；对培训成本、收益进行评估等。通过评估培训效果，饭店可以有针对性地指导下一次培训。

9.4　饭店员工激励

9.4.1　饭店员工激励的意义

激励，是指激发人的动机，使人产生内在动力，并朝向某一特定目标行动的心理活动过程。员工激励是指充分激发、调动员工的积极性，发挥员工潜能的过程。

有效地开发和利用人力资源是饭店目标实现的关键，而激励则是使人力资源达到最大限度开发的重要手段。研究表明，同样一个人在通过充分激励后所发挥的作用相当于激励前的 3～4 倍。也就是说，员工只有在激励的作用下，才能发挥其主观能动性和创造性，并创造出高质量、高效率的工作成绩。饭店要在激烈的市场竞争中生存并不断发展，必须最大限度地激励员工，充分挖掘其内在的潜能。

9.4.2　饭店员工激励的原则

1. 目标结合原则

设置目标是激励过程中的一个重要环节。目标设置必须兼顾饭店目标与个人目标，既要体现饭店目标的要求，也要满足员工的个人目标。只有将饭店组织目标与个人目标相结合，使组织目标包含多数个人目标，使个人目标的实现建立在为组织目标实现的基础上，才能达到良好的激励效果。

2. 物质激励与精神激励相结合原则

激励方法应将物质激励与精神激励相结合。物质激励是员工物质需要的满足，而精神激励是员工精神需要的满足。在现代企业中，物质激励是基础，精神激励是根本。物质激励与精神激励必须统一、结合进行，不能只注意其中之一，完全忽视另一方。

3. 正激励与负激励相结合原则

激励应遵循正激励与负激励相结合的原则。正激励是指当员工的个人行为符合组织需要时，通过奖励和表彰来鼓励这种行为，以充分调动其积极性。负激励是指当员工的行为不符合组织需要时，通过批评和惩罚，使其抑制其行为。

4. 按需激励原则

相同的激励政策对于不同员工、不同需求会起到不同的激励效果。激励取决于内因，是员工的主观感受，因此，激励要因人而异。制订激励政策前，应对每位员工的真正需求调查清楚，然后对需求进行分类整理，从而使制订的激励政策能满足员工的需求。

案例分析

激励应满足员工的需求

某家五星级饭店，在年终考核中评选出20名优秀员工，准备给予他们价值8 000元的国外奖励旅游，并与旅行社联系确定了15天的旅游行程。在随后召开的员工表彰大会中，一名优秀员工向人力资源总监询问是否可以将奖励旅游换成现金奖励，因为家里比较拮据，这笔奖励可以补贴家用。领导特批了这位员工可以领取现金奖励。其他优秀员工得知此事后，蜂拥而至人力资源部，也要求领取现金奖励，不愿参加奖励旅游。

思考：为什么奖励旅游的激励措施不被优秀员工所接受？饭店应如何采取正确的激励措施？

5. 民主公正原则

民主公正原则是激励的基本原则。激励做到公平、公正，才能实现良好的激励效果，否则会造成消极影响。激励要根据具体绩效、工作表现来决定奖惩，要奖惩分明、公平合理，才能使员工心悦诚服，强化动机，积极工作。

9.4.3 饭店员工激励的方法

1. 物质激励法

物质激励法是一种最基本的激励手段，物质激励的内容包括薪酬、福利和股权。获得更多的物质奖励是员工们的共同愿望，它决定着员工基本需要的满足情况，把对员工的物质激励与其工作绩效挂钩，可以提高员工的积极性。物质激励应当既包括正面的物质奖励，也包括负面的物质惩罚，使员工明确是非标准和服务规范，提高工作质量。

2. 情感激励法

情感激励法是指管理者通过目标激励、示范激励、参与激励等方式加强同员工的沟通和交流，满足员工的社交、自尊、自我发展和自我实现的需要，调动员工积极性，其激励强度大，维持时间长。目标激励是指将员工的个人目标与组织目标相结合，让员工看到自己的切身利益，从而激励员工的积极性、主动性、创造性。示范激励是指通过先进员工与典型优秀事件来影响和改变员工或集体的观念和行为。参与激励也称信任激励，是实行民主化管理的过程，通过员工参与管理者的决策，使员工感受到饭店及管理者对自己的信任，从而增强其积极性、自主性、责任感、成就感和对饭店的忠诚度。

3. 环境激励法

环境激励法包括政策环境激励和客观环境激励。政策环境激励是指饭店良好的制度、规章等都可以对员工产生激励，良好的政策可以保证公平性，提高员工工作效率。客观环境激励是指饭店的办公环境、环境卫生等都可以影响员工的工作情绪。员工在良好的环境里工作，可以使员工改变工作态度，激发工作热情，提高工作绩效。

9.5　饭店员工绩效考核

9.5.1　饭店员工绩效考核的意义

1. 绩效考核是任用饭店员工的依据

科学的绩效考核制度可以为饭店人力资源管理部门公平合理地任用人才提供依据。对员工进行绩效考核，可以判断员工的德才状况、长处短处，从而分析其适合何种职位。绩效考核是了解员工的重要手段，只有充分了解员工，才能有效地合理任用员工。

2. 绩效考核是激励饭店员工的手段

定期的绩效考核既可以使饭店组织掌握每位员工具体的工作情况，也可及时向员工反映考核的结果，使其了解饭店对其工作的评价，意识到自己在工作中存在的不足，了解饭店所倡导的规范行为。绩效考核有助于员工不断完善其工作行为，及时纠正自身不足，调动工作积极性。绩效考核也能体现对员工良好的工作业绩的认可，使员工体验到成就感和自豪感。

3. 绩效考核是确定饭店员工劳动报酬的依据

绩效考核的结果是薪酬管理的重要依据。按劳付酬能使员工感受到公平，这有利于增强员工的责任感和自信心，避免因报酬不合理而导致挫伤员工工作热情的情况，使有限的人力资源充分发挥其作用，并有效防止人才流失。

4. 绩效考核是饭店开展人力资源管理工作的重要途径

绩效考核可以为饭店人力资源管理部门在员工招聘、录用、调配等方面的决策提供参考依据，可以用于设计人力资源决策方案，检测决策效用，制订人力资源开发计划等。

9.5.2 饭店员工绩效考核的原则

1. 责任与权利相统一原则

饭店员工绩效考核既是对员工个人的评价过程，也是检验其是否称职的过程。考核过程中应当结合员工的责任对员工的工作绩效进行评价，同时，考核也应奖惩分明，并与员工的任用、晋升和调动安排相结合，使员工的管理处于动态之中。饭店应明确员工的责任、权力和利益，对员工放权的同时对其进行考核和约束。

2. 定性与定量相结合原则

定性考核是指采用经验判断和观察的方法，侧重从行为的性质方面对员工进行考核。定量考核是指采用量的方法，侧重从行为的数量特点对员工进行考核。定性考核只是一种模糊的印象判断，而定量考核中的指标往往难以量化，这种考核是不全面的，很可能流于形式。绩效考核应将二者结合，实现有效的互补，才能使考核结果更加全面、有效。

3. 坚持"三公"原则

"三公"是指公平、公正和公开。公开且明确的绩效考核能够正确引导员工，且能在实际工作中运用。公平与公正有两个层面的含义：一是指每位员工在考核过程中机会相等，条件相同；二是指判定考核结果和运用考核结果时应一视同仁，杜绝特殊化。坚持公平、公正、公开原则也是有效发挥考核激励作用的重要条件。

4. 平时考核与定期考核并重原则

饭店的员工绩效考核工作应做到制度化和常规化，坚持平时考核和定期考核。若只重视定期考核而忽视平时考核，会导致"敷衍了事"等情况的出现，不利于考核结果的公平、合理，给考核工作带来负面影响。考核工作中，应把平时考核以较大比例纳入定期考核之中，只有坚持平时考核与定期考核并重原则，才能更好地起到对员工的监督作用。

9.5.3 饭店员工绩效考核的方法

1. 评分考核法

评分考核法是指先把考核的项目逐一罗列出来，由考核者根据员工表现，在分值栏给出相应的分数，然后将分数汇总，得出员工绩效考核分数。每项评估项目是指对员工工作行为的评估。这种方法简单且应用广泛，但由于划分等级较宽，难以把握尺度，受考核者主观因素影响较大。

2. 关键事件考核法

关键事件考核法是指通过观察并记录有关工作成败的"关键性"事件，以此对员工进行考核评价。关键事件考核法要求保存最有利和最不利的工作行为的书面记录，管理者应记录对部门的效益产生重大积极或消极影响的行为，并在考核后期，运用这些记录对员工业绩进行考核。关键事件考核法的优点是可以为考核结果提供确切的事实证据，可以记录员工在整个年度的表现等，同时也存在管理人员经常漏记关键事件等问题。

3. 行为锚定等级评价考核法

行为锚定等级评价考核法是传统业绩评定表和关键事件考核法的结合。它通过等级评价表，将关于特别优良和特别劣等绩效的叙述加以等级化、量化，从而将描述性关键事件考核法和量化等级评价法的优点结合起来。适用于强调行为表现的工作职位的绩效评价。行为锚定等级评价考核法的优点是可以更好地指导和监控员工行为，使员工知道被期望的行为；缺点是行为锚定量表的设计过程较为复杂，难度较大。

4. 自我评定考核法

自我评定考核法是指考评人员将业绩考评的内容以问题的形式向员工提出，让员工自己做出报告。这种方法有利于员工进行反思和总结，更容易看到自己的成绩和不足；但也存在局限性，如员工自己评价不够客观、全面。因此，自我评定的结果不能作为绩效考核的唯一依据。

5. 全方位考核法

全方位考核法是指通过上级、下级、同事、自我、客户全方位收集评价信息，从多个视角对员工进行综合绩效考核并提供反馈意见。这种全方位的考核方法，可以避免一方考核的主观臆断，增强绩效考核的信度和效度。

复习与思考

一、名词解释

饭店人力资源管理　环境激励法　全方位考核法

二、填空题

1. 饭店人力资源管理内容包括人力资源规划、饭店员工招聘、_____、_____、_____、

_____、员工职业发展。

2. 饭店员工招聘主要通过_____、_____两种渠道。

3. 饭店员工培训的程序依次是：_____、_____、_____、_____。

4. 饭店员工激励的方法包括_____、_____、_____。

三、选择题

1. 饭店的外部环境与内部环境都是复杂多变的，因此，饭店人力资源管理具有（   ）特点。

A. 覆盖范围较广　　　　　　　　B. 动态性较强

C. 跨越性明显　　　　　　　　　D. 政策性鲜明

2. 饭店根据应聘者的业务特长安排工作，是符合饭店员工招聘的（   ）原则。

A. 因职择人原则　　　　　　　　B. 公开竞争原则

C. 量才使用原则　　　　　　　　D. 动态平衡原则

3. 饭店对新录用员工进行的培训是（   ）。

A. 入职培训　　　　　　　　　　B. 任职培训

C. 在职培训　　　　　　　　　　D. 脱产培训

4. 以下哪种方法适用于强调行为表现的工作职位的绩效评价（   ）。

A. 评分考核法　　　　　　　　　B. 关键事件考核法

C. 行为锚定等级评定考核法　　　D. 自我评定考核法

四、简答题

1. 简述人力资源管理与人事管理的区别。

2. 简述饭店员工内外部招聘的优缺点。

3. 简述饭店员工培训的流程。

4. 简述饭店员工激励的意义。

5. 简述饭店绩效考核的原则。